科技创新推动民族复兴

——纪念陈嘉庚科学奖基金会十周年

陈嘉庚科学奖基金会　编

科 学 出 版 社
北 京

内 容 简 介

陈嘉庚科学奖基金会（以下简称基金会）于2003年成立以来，已在数理科学、化学科学、生命科学、地球科学、信息技术科学和技术科学等6个学科领域评选出了18位陈嘉庚科学奖获得者和6位陈嘉庚青年科学奖获得者，其中2010年度陈嘉庚技术科学奖获得者吴良镛教授获得了2011年国家最高科学技术奖，在科技界和全社会赢得了良好声誉，并产生了广泛影响。

本书记录了基金会走过的10年历程，包括基金会的概况、历届评奖过程、获奖项目与获奖人的主要科技成就，以及基金会开展的相关活动等，是基金会发展历程的一个缩影。

本书可供广大科技教育工作者、政府科技管理部门、热心公益事业的企业和个人，以及对陈嘉庚科学奖感兴趣的各界人士阅读。

图书在版编目（CIP）数据

科技创新推动民族复兴：纪念陈嘉庚科学奖基金会十周年／陈嘉庚科学奖基金会编. —北京：科学出版社，2014

ISBN 978-7-03-038681-6

I. ①科… II. ①陈… III. ①科学家－生平事迹－中国－现代 IV. ①K826.1

中国版本图书馆CIP数据核字（2013）第226214号

责任编辑：侯俊琳　石　卉／责任校对：李　影

责任印制：徐晓晨／书籍设计：北京美光设计制版有限公司

科学出版社出版

北京东黄城根北街16号

邮政编码：100717

http://www.sciencep.com

北京虎彩文化传播有限公司 印刷

科学出版社发行　各地新华书店经销

*

2014年1月第 一 版　开本：787×1092 1/16

2020年1月第五次印刷　印张：13 1/2

字数：310 000

定价：498.00元

（如有印装质量问题，我社负责调换）

基金会成立

▲2003年6月17日，陈嘉庚科学奖基金会成立，并举行新闻发布会（左起：沈保根、王淀佐、陈宜瑜、路甬祥、李早航、朱利、陈佳洱）

▲2003年6月17日，陈嘉庚科学奖基金会成立新闻发布会（前排左起：沈保根、赵忠贤、师昌绪、陈宜瑜、程津培、路甬祥、李早航、陈佳洱、王淀佐、朱利；后排左起：李静海、雷朝滋、艾国祥、周炳琨、孙枢、王佛松、孙鸿烈、李振声、赵路、诸鑫强、刘勇卫、袁牧红）

第一届理事会

▲2003年6月17日，路甬祥理事长主持基金会第一届理事会第一次会议

▲2008年5月7日，路甬祥理事长主持基金会第一届理事会第五次会议

▲2007年8月15日，路甬祥理事长主持基金会第一届理事会第四次会议（左起：陈宜瑜、白春礼、路甬祥、李早航）

第二届理事会

▲2011年12月1日，基金会第二届理事会第六次会议理事及工作人员合影（前排左起：周炳琨、梁栋材、沈文庆、孙鸿烈、李礼辉、白春礼、肖钢、李静海、李早航、李衍达、曹效业；后排左起：王小曼、赵蓉、欧晖、林其谁、侯建国、王延觉、程耿东、刘峰松、章砚、周德进、张家元）

▲2011年5月11日，白春礼理事长主持基金会第二届理事会第五次会议（左起：李静海、李早航、白春礼、潘云鹤）

▲2012年4月5日，白春礼理事长主持基金会第二届理事会第七次会议

第三届理事会

▲2013年5月14日，基金会第三届理事会第二次会议理事合影（前排左起：梁栋材、杨卫、李静海、白春礼、陈四清、陈宜瑜、詹文龙；第二排左起：侯建国、朱道本、程耿东、杨乐、孙枢、陈颙、曹效业、张先恩；后排左起：王敬泽、章砚、周德进、徐延豪、李婷）

▲2012年12月4日，基金会第三届理事会第一次会议，白春礼理事长向第三届理事章砚颁发聘书

▲2013年5月14日，白春礼理事长主持基金会第三届理事会第二次会议

二　颁奖

▸2006年度陈嘉庚科学奖颁奖大会会场（前排左起：王小云、涂传诒、饶子和、范海福）

▸2008年度陈嘉庚科学奖获得者（左起：彭实戈、侯建国、安芷生）

▾2008年度陈嘉庚科学奖颁奖大会会场

▲2010年度陈嘉庚数理科学奖获得者白以龙研究员与夫人

▲2010年度陈嘉庚地球科学奖获得者李德生教授与夫人

▲2010年度陈嘉庚技术科学奖获得者吴良镛教授与夫人

▲2010年度陈嘉庚生命科学奖获得者裴钢教授与化学科学奖获得者杨学明研究员交谈

▼2010年度陈嘉庚科学奖颁奖大会会场

▲2012年度陈嘉庚科学奖颁奖仪式，中国科学院院长白春礼与获奖科学家杨学军

▲2012年度陈嘉庚科学奖及青年科学奖获得者（第一排右起：马旭村、薛其坤、陈曦、朱道本、汤钊猷、杨学军；第二排右起：彭承志、胡金波、宋保亮、汪毓明、高会军、成永军）

三　活动掠影

2008年5月7日，中国银行向陈嘉庚科学奖基金会追加捐赠仪式，基金会理事长路甬祥向中国银行董事长肖钢赠送题词

2012年12月4日，基金会第三届理事会第一次会议，白春礼理事长向第三届理事顾秉林颁发聘书

2008年5月7日，李静海副理事长代表基金会接受李礼辉行长代表中国银行捐赠的支票

▲2003年12月30日，路甬祥理事长主持第一届评奖委员会主任联席会议

▲2008年1月23日，沈保根秘书长主持第二届评奖委员会主任联席会议

▲2003年6月17日，陈嘉庚科学奖基金会成立，路甬祥理事长接受中央电视台记者采访

▲2007年8月15日，基金会第一届理事会第四次会议，陈宜瑜副理事长与赵忠贤理事交流

▲2008年11月6日，基金会第二届理事会第一次会议，梁栋材理事发言

▲2011年5月11日，基金会第二届理事会第五次会议，孙鸿烈理事发言

◀2013年10月22日，侯建国理事（中）与厦门市委统战部副部长曾庆军（左）、集美大学党委书记辜芳昭（右）在集美大学共同启动“嘉庚讲坛”

▸ 2012年9月27日，获奖科学家参观陈嘉庚纪念馆

▸ 2013年4月19日，新加坡陈嘉庚基金主席潘国驹教授（左三）一行到访，并在基金会理事、秘书长周德进（左一）陪同下参观中国科学院院史馆

▸ 2013年5月26日，部分评奖委员会委员参观陈嘉庚纪念馆

序言 FOREWORD

陈嘉庚先生是我国著名的爱国侨领，是一位时代伟人。他为发展民族教育倾尽所有，为新中国的建设鞠躬尽瘁。1988年，在陈嘉庚后人的资助下，陈嘉庚基金会在北京成立并设立陈嘉庚奖。陈嘉庚奖在推动我国科学技术创新与发展的过程中发挥了重要作用，在海内外产生了重大影响。陈嘉庚奖获得者中已有吴文俊、王选、黄昆、刘东生、吴孟超、叶笃正、李振声、郑哲敏等8位科学家先后荣获国家最高科学技术奖。为继续办好以陈嘉庚先生名字命名的科技奖励，中国科学院和中国银行于2003年2月共同出资设立了陈嘉庚科学奖基金会。

转眼间，陈嘉庚科学奖基金会已走过10年历程。过去的10年，是我国科学技术水平突飞猛进的10年，也是陈嘉庚科学奖基金会不断成长的10年。10年来，陈嘉庚科学奖基金会始终坚持奖励在中国本土做出的原创性科技成果的定位和标准，参考重要国际科技奖的评奖办法，不断完善和优化推荐评审程序，在保证评奖过程公平、公正的同时，着重提高获奖成果的质量，不断提高陈嘉庚科学奖的声誉和影响力。为激励更多青年科技人才在国内做出原创性成果，2010年基金会又设立了陈嘉庚青年科学奖。

10年耕耘，已初见收获。陈嘉庚科学奖基金会已先后成功举办了5次陈嘉庚科学奖和1次陈嘉庚青年科学奖的评选工作，共有18位杰出科学家和6位优秀青年科技人才获奖，其中2010年度陈嘉庚技术科学奖获得者吴良镛院士获得2011年国家最高科学技术奖。陈嘉庚科学奖已在我国科技界和全社会赢得了良好声誉并产生了广泛影响，对促进我国科学技术的创新与发展起到了一定的激励与推动作用。过去10年间，多位党和国家领导人出席颁奖仪式，体现了国家对科技工作的重视，使获奖人深受鼓舞，激励着广大科技工作者在中国的现代化进程中奋发进取。

为了进一步宣传陈嘉庚科学奖及其宗旨，宣传和弘扬陈嘉庚精神，基金会于2009年起开始举办陈嘉庚科学奖报告会，邀请历届获奖人作报告。目前，已在北京、厦门、天津、深圳、乌鲁木齐、合肥等地举办10余场报告会，16位报告人与听众分享了相关领域的研究进展和自己的科研感悟。2012年，基金会着手制作获奖人纪录片，通过介绍获奖人的成长经历和学术贡献，普及科学知识，倡导科学方法，传播科学思想，弘扬科学精神。

2008年以来，陈嘉庚科学奖基金会与厦门大学、陈嘉庚纪念馆、集美大学等合作举办了一系列的学术交流活动，取得了良好效果；并与新加坡的陈嘉庚基金和陈嘉庚国际学会建立了联系，为加强合作打下了基础，希望通过与陈嘉庚相关的组织和机构的合作，共同将陈嘉庚精神发扬光大。

希望下一个10年，基金会能将陈嘉庚科学奖和陈嘉庚青年科学奖办得更好，获奖成果能经得起历史的检验，并在适当的时候走向国际化，为我国科技事业的发展发挥更大的激励作用，也愿我国的科技事业在创新驱动发展战略的指引下续写新的篇章。

本书记录了陈嘉庚科学奖基金会过去10年的获奖成果和重要活动，是基金会发展历程的一个缩影。我有幸见证了基金会这10年的发展，也真切感受到弘扬陈嘉庚精神是一件非常必要且有重要意义的工作，是为序。

2013年10月

目录 CONTENTS

3 第叁篇 陈嘉庚科学奖报告会

附录

后记

第壹篇

发展历程

陈嘉庚科学奖基金会

陈嘉庚科学奖基金会概况

陈嘉庚科学奖基金会（以下简称“基金会”）是在国务院有关领导的亲自关怀下，在财政部、中国科学院和中国银行的大力支持下，于2003年2月经国务院同意和民政部批准正式注册成立的全国性基金会。基金会由中国科学院和中国银行出资设立，为独立的基金会法人，接受中国科学院的业务指导及民政部和国家科技奖励工作办公室的监督管理。

基金会的宗旨是奖励取得杰出科技成果的我国优秀科学家，促进中国科学技术事业的发展，实现中华民族的伟大复兴。基金会实行理事会负责制，理事会由中国科学院、中国银行、财政部、科技部、教育部、国家自然科学基金委员会、中国科协和中国工程院等单位的代表和热心于科技事业的社会知名人士组成。

2003年6月17日，陈嘉庚科学奖基金会成立新闻发布会

前排左起：沈保根、赵忠贤、师昌绪、陈宜瑜、程津培、路甬祥、李早航、陈佳洱、王淀佐、朱利

后排左起：李静海、雷朝滋、艾国祥、周炳琨、孙枢、王佛松、孙鸿烈、李振声、赵路、诸鑫强、刘勇卫、袁牧红

评奖工作

基金会先后设立陈嘉庚科学奖（2003年设立）及陈嘉庚青年科学奖（2010年设立），每两年评选一次，同步评奖和颁奖。陈嘉庚科学奖及陈嘉庚青年科学奖分别设有数理科学奖、化学科学奖、生命科学奖、地球科学奖、信息技术科学奖和技术科学奖6个奖项①，奖励做出具有中国自主知识产权原创性科学技术成果的优秀科学家和青年科技人才。基金会基于中国科学院学部平台评奖，按所设奖项由中国科学院各学部常委会推荐设立6个评奖委员会，在公历逢单年份的1～3月接受推荐，4～11月组织评审，12月的基金会理事会投票产生正式获奖项目和获奖人②；在公历逢双年份的中国科学院院士大会上由国家领导人颁奖。基金会已组织了5次陈嘉庚科学奖及1次陈嘉庚青年科学奖的推荐和评审工作，共有18位杰出科学家和6位优秀青年科技人才获奖，在科技界和全社会产生了重要影响。

① 陈嘉庚科学奖设立之初，共设有数理科学奖、化学科学奖、生命科学奖、地球科学奖和技术科学奖5个奖项。2004年6月中国科学院第十二次院士大会决定成立信息技术学部。2005年5月16日，基金会第一届理事会第二次会议决定增设陈嘉庚信息技术科学奖

② 2010年之前的陈嘉庚科学奖的评选中，在公历逢单年份的1~4月接受推荐，5月至次年5月前评选产生正式获奖项目。2011年1月，网上推荐与评审系统上线，进一步提高了工作效率

宣传工作

基金会自2009年起每年邀请历届获奖人作学术报告，分享获奖人在各自领域的最新进展和科研感悟，鼓励青年人才不断探索和超越，已先后举办十余场报告会，累计听众超过4000人。同时，基金会正制作介绍历届获奖人的纪录片，力图以电视媒体的形式展现获奖人的成长经历和学术贡献、揭示其原创性科技成果的本质和规律。希望通过举办报告会、制作和播出获奖人纪录片，进一步提升陈嘉庚科学奖的影响力。

基金会中、英文门户网站分别于2009年5月和2010年6月上线。基金会通过门户网站及时发布重要信息和最新动态，门户网站累计页面访问量已超过70万次，访问源地址覆盖亚太、欧洲、美洲等，宣传效果显著。

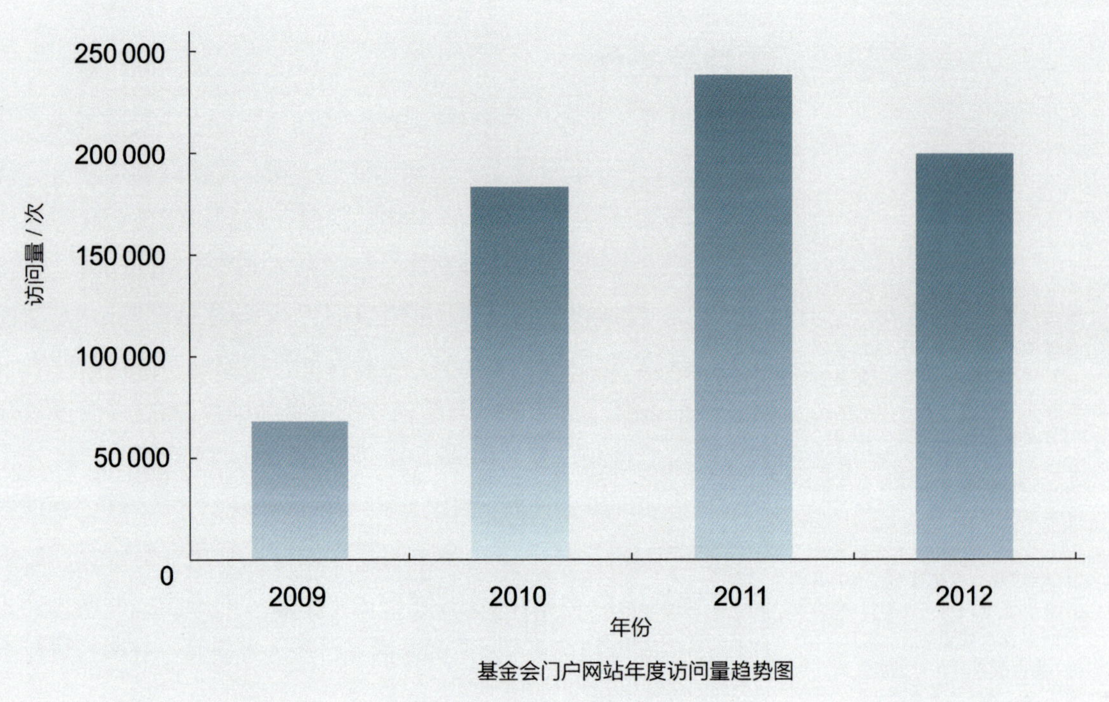

基金会门户网站年度访问量趋势图

日常管理

基金会高度重视信息化建设，并通过信息化来促进工作的规范化、提升管理水平。2011年，基金会完成网上推荐、评审与管理系统的建设并将其投入使用，极大地方便了国内外专家的推荐与评审，在评奖工作中发挥了重要作用，大大提升了办公室的工作效率和提高了办公室的工作水平。

作为全国性非公募基金会，陈嘉庚科学奖基金会认真贯彻和落实民政部民间组织管理局和国家科学技术奖励工作办公室等相关主管单位的工作要求，不断加强和规范自身建设，践行基金会宗旨。在民政部组织的2010年、2011年及2012年基金会年度检查中，陈嘉庚科学奖基金会的年检结论均为“合格”。根据财税〔2013〕10号文件，陈嘉庚科学奖基金会自2012年起获得公益性捐赠税前扣除资格；根据京财税〔2012〕2094号文件，陈嘉庚科学奖基金会自2010年起获得企业所得税免税资格，为基金会的可持续发展奠定了重要基础。

陈嘉庚科学奖始终坚持原创性和本土性的定位和标准，并借鉴重要国际科技奖励的成功做法，不断改进和完善评奖流程，修订相关规章制度，提升陈嘉庚科学奖和陈嘉庚青年科学奖的声誉并扩大其影响。2009年，国家科学技术奖励工作办公室对全国性社会力量设立科学技术奖励进行考核，陈嘉庚科学奖在百余参评科技奖励中被评选为五个优秀奖项之一。

资产管理

基金会成立时原始注册资金为3000万元，其中中国科学院出资2000万元、中国银行出资1000万元。成立之初由中国银河证券有限责任公司负责基金会本金的资金运作。为进一步支持基金会发展，中国银行分别于2008年5月和2013年9月先后向基金会追加捐赠1000万元和500万元。目前，基金会在民政部登记的原始基金为4000万元。基金会委托中国银行负责本金的理财工作，主要配置低风险投资品种，确保本金安全，为基金会的长期发展打下良好基础。

基金会根据国家科技事业的发展及国家奖励制度改革的要求，以奖励具有中国自主知识产权的原创性成果为目标，努力将陈嘉庚科学奖和陈嘉庚青年科学奖办成具有崇高声誉的科技奖励，在提升我国科技自主创新能力、激发科学家科技创新积极性等方面发挥重要作用，为推动实施“创新驱动发展战略”、建设创新型国家做出新的更大贡献。

2008年5月中国银行向基金会追加捐赠仪式

前排左起：王兆文、岳毅、欧晖、王小云、李礼辉、肖钢、路甬祥、白春礼、陈宜瑜、李振声、潘云鹤、李静海、冯长根

中排左起：刘坚东、范海福、沈保根、饶子和、赵忠贤、李衍达、马扬、刘勇卫、李早航、刘峰松

后排左起：孙海萍、郭德秋、赵濛

陈嘉庚科学奖基金会理事会名单

陈嘉庚科学奖基金会第一届理事会名单（2003年6月~2008年11月）

理事长

路甬祥 全国人民代表大会常务委员会副委员长、中国科学院院长、中国科学院学部主席团执行主席、中国科学院院士、中国工程院院士

副理事长

李早航 中国银行副行长

李静海 中国科学院副院长、中国科学院院士

陈宜瑜 国家自然科学基金委员会主任、中国科学院院士

程津培 科学技术部副部长、中国科学院院士（2003年6月～2005年5月）

理事[1]

沈保根 中国科学院副秘书长

诸鑫强 中国银行行长助理（2003年6月～2007年8月）

唐棣华 中国银行全球金融市场部总经理（2007年8月起）

雷朝滋 教育部科学技术司副司长

程津培 科学技术部副部长、中国科学院院士（2005年5月起）

赵　路 财政部教科文司司长

陈佳洱 国家自然科学基金委员会主任、中国科学院院士

潘云鹤 中国工程院常务副院长、中国工程院院士

冯长根 中国科学技术协会书记处书记

[1] 排序原则：理事单位推荐的理事、中国科学院各学部主任、院士代表，余同

艾国祥　中国科学院数学物理学部主任，中国科学院国家天文台（2003年6月～2005年5月）

贺贤土　中国科学院数学物理学部主任，北京应用物理与计算数学研究所（2005年5月～2007年8月）

杨国桢　中国科学院数学物理学部主任，中国科学院物理研究所（2007年8月起）

王佛松　中国科学院化学部主任，中国科学院（2003年6月～2005年5月）

白春礼　中国科学院化学部主任，中国科学院（2005年5月起）

孙　枢　中国科学院地质与地球物理研究所（2003年6月～2007年8月）

秦大河　中国科学院地学部主任，中国气象局（2007年8月起）

李衍达　中国科学院信息技术科学部主任，清华大学（2007年8月起）

周炳琨[1]　中国科学院技术科学部主任、中国科学院信息技术科学部主任，清华大学（2003年6月～2007年8月）

[1] 2002~2004年任中国科学院技术科学部主任、2004~2006年任信息技术科学部主任

徐建中　中国科学院技术科学部主任，中国科学院工程热物理研究所（2005年5月～2007年8月）

朱　静　中国科学院技术科学部主任，清华大学（2007年8月起）

赵忠贤　中国科学院院士，中国科学院物理研究所

许智宏　中国科学院院士，北京大学

李振声　中国科学院院士，中国科学院遗传与发育生物研究所

孙鸿烈　中国科学院院士，中国科学院地理科学与资源研究所

王淀佐　中国科学院院士、中国工程院院士，北京有色金属研究总院（2003年6月～2007年8月）

师昌绪　中国科学院院士、中国工程院院士，国家自然科学基金委员会

监事

史美奇　中国科学院综合计划局

陈晓新　中国银行稽核部

附：第一届理事会工作机构名单

沈保根（兼）　秘书长兼办公室主任

诸鑫强（兼）　副秘书长（2003年6月～2007年8 月）

唐棣华（兼）　副秘书长（2007年8月～2008年2月）

章　砚　副秘书长（2008年2月起）

刘勇卫　副秘书长（2003年6月～2008年5月）

袁牧红　办公室副主任（2003年6月～2007年12月）

吴晓东　办公室副主任（2008年1月起）

王　郁　财务负责人

彭晴晴　工作人员（2005年9月起）

王　瑾　财务

陈嘉庚科学奖基金会第二届理事会名单 (2008年11月~2012年12月)

理事长

路甬祥　全国人民代表大会常务委员会副委员长、中国科学院院长、中国科学院学部主席团执行主席、中国科学院院士、中国工程院院士（2008年11月～2011年5月）

白春礼　中国科学院院长、中国科学院学部主席团执行主席、中国科学院院士（2011年5月起）

副理事长

李早航　中国银行副行长

李静海　中国科学院副院长、中国科学院院士

潘云鹤　中国工程院常务副院长、中国工程院院士

陈宜瑜　国家自然科学基金委员会主任、中国科学院院士

理事

王恩哥　中国科学院副秘书长(2008年11月～2010年4月)

曹效业　中国科学院副秘书长(2010年4月起)

李久仲　中国银行全球金融市场部总经理（2008年11月～2009年6月）

章　砚　中国银行金融市场总部总经理（代客）（2009年7月起）
陈盈晖　教育部科技司副司长（2008年11月～2011年5月）
王延觉　教育部科技司司长（2011年5月起）
张先恩　科技部基础研究司司长
赵　路　财政部教科文司司长
冯长根　中国科学技术协会书记处书记

沈文庆　中国科学院数学物理学部主任，国家自然科学基金委员会
白春礼　中国科学院化学部主任，中国科学院（2008年11月～2011年5月）
林其谁　中国科学院生命科学和医学学部主任，中国科学院上海生命科学院生物化学与细胞生物学研究所
秦大河　中国科学院地学部主任，中国气象局
李衍达　中国科学院信息技术科学部主任，清华大学
杨　卫　中国科学院技术科学部主任，浙江大学

赵忠贤　中国科学院院士，中国科学院物理研究所
侯建国　中国科学院院士，中国科学技术大学
梁栋材　中国科学院院士，中国科学院生物物理研究所
孙鸿烈　中国科学院院士，中国科学院地理科学与资源研究所
周炳琨　中国科学院院士，清华大学
程耿东　中国科学院院士，大连理工大学

周德进　中国科学院院士工作局局长（2010年4月起）

监事

史美奇　中国科学院计划财务局
欧　晖　中国银行稽核部

附：第二届理事会工作机构名单

王恩哥（兼）　秘书长兼办公室主任（2008年11月～2010年4月）

周德进（兼）　秘书长兼办公室主任（2010年4月起）

刘峰松　　　　副秘书长兼办公室常务副主任

章　砚（兼）　副秘书长

王　郁　财务负责人

张家元　办公室副主任（2008年12月起）

彭晴晴　工作人员（2008年11月～2010年7月）

王　瑾　财务

王小曼　工作人员（2009年4月起）

纪润博　工作人员（2010年12月起）

陈嘉庚科学奖基金会第三届理事会名单（2012年12月～　）

理事长

白春礼　中国科学院院长、中国科学院学部主席团执行主席、中国科学院院士

副理事长

陈四清　中国银行副行长

李静海　中国科学院副院长、中国科学院院士

潘云鹤　中国工程院常务副院长、中国工程院院士

陈宜瑜　国家自然科学基金委员会主任、中国科学院院士（2012年12月～2013年5月）

杨　卫　国家自然科学基金委员会主任、中国科学院院士（2013年5月起）

理事

曹效业　中国科学院副秘书长

章　砚　中国银行金融市场总部总经理（代客）

王延觉　教育部科学技术司司长

张先恩　科技部基础研究司司长

宋秋玲　财政部教科文司副巡视员

徐延豪　中国科学技术协会书记处书记
詹文龙　中国科学院数学物理学部主任，中国科学院
朱道本　中国科学院化学部主任，中国科学院化学研究所
陈宜瑜　中国科学院生命科学和医学学部主任，国家自然科学基金委员会（2013年5月起）
陈　颙　中国科学院地学部主任，中国地震局
李　未　中国科学院信息技术科学部主任，北京航空航天大学
顾秉林　中国科学院技术科学部主任，清华大学

杨　乐　中国科学院院士，中国科学院数学与系统科学研究院
侯建国　中国科学院院士，中国科学技术大学
梁栋材　中国科学院院士，中国科学院生物物理研究所
孙　枢　中国科学院院士，中国科学院地质与地球物理研究所
周炳琨　中国科学院院士，清华大学
程耿东　中国科学院院士，大连理工大学

周德进　中国科学院院士工作局局长（2012年12月~2013年5月）
李　婷　中国科学院学部工作局局长（2013年5月起）

监事

史美奇　中国科学院计划财务局
欧　晖　中国银行黑龙江分行

附：第三届理事会工作机构名单

周德进（兼）　秘书长兼办公室主任（2012年12月~2013年5月）
李　婷（兼）　秘书长（2013年5月起）
章　砚（兼）　副秘书长
王敬泽　副秘书长
王　郁　财务负责人
张家元　办公室常务副主任
王小曼　高级主管
纪润博　业务主管
季冬梅　业务主管

陈嘉庚科学奖基金会章程

（2003年6月17日陈嘉庚科学奖基金会理事会通过；2008年11月6日陈嘉庚科学奖基金会理事会修订）

第一章 总 则

第 一 条 本基金会的名称是陈嘉庚科学奖基金会。

英文名称：TAN KAH KEE SCIENCE AWARD FOUNDATION

英文缩写：TSAF

第 二 条 本基金会属于非公募基金会。

第 三 条 本基金会遵守中华人民共和国宪法、法律、法规和国家政策，遵守社会道德风尚。其宗旨是：奖励取得杰出科技成果的我国优秀科学家，以促进中国科学技术事业的发展，实现中华民族的伟大复兴。

第 四 条 本基金会的原始基金数额为人民币肆仟万元，来源于中国科学院和中国银行捐赠。

第 五 条 本基金会的登记管理机关是民政部，业务主管单位是中国科学院。

第 六 条 本基金会的住所为：中国北京市海淀区北四环西路33号7D。

第二章 业务范围

第 七 条 本基金会公益活动的业务范围：

（一）组织推荐、评选陈嘉庚科学奖候选奖项和候选人。

（二）组织相应的学术报告会和其他活动。

（三）接受海内外团体和个人的捐赠。

（四）开展海内外科技合作、交流等活动。

第三章 组织机构、负责人

第 八 条 本基金会由21至25名理事组成理事会。理事会由中国科学院、中国银行、财政部、科学技术部、教育部、国家自然科学基金委员会、中国科协和中国工程院等单位的代表和热心于科技事业的社会知名人士组成。理事会可聘请顾问、名誉理事长、理事若干人。本基金会理事每届任期为四年，任期届满，连选可以连任。

第 九 条 理事的资格：

（一）坚持中国共产党的路线、方针、政策。

（二）具备完全民事行为能力。

（三）热心公益事业和科技奖励事业。

（四）具有相应的工作阅历、工作经验和学科背景。

（五）尽职尽责，致力于基金会宗旨的实现。

（六）廉洁办事，公平公正。

第 十 条 理事的产生和罢免：

（一）第一届理事会由业务主管单位、主要捐赠人、发起人分别提名并共同协商确定。

（二）理事会换届改选时，由业务主管单位、理事会、主要捐赠人共同提名候选人并组织换届领导小组，组织全部候选人共同选举产生新一届理事。

（三）罢免、增补理事应当经理事会表决通过，报业务主管单位审查同意。

（四）理事的选举和罢免结果报登记管理机关备案。

第十一条 理事的权利和义务：

（一）遵守基金会章程及决议、决定。

（二）对基金会的决策、决议、决定有发言权、表决权。

（三）对基金会的工作有建议权。

（四）参加基金会举办的各项活动。

（五）自觉维护基金会权益。

第十二条 本基金会的决策机构是理事会。理事会行使下列职权：

（一）制定和修改《陈嘉庚科学奖基金会章程》、《陈嘉庚科学奖奖励条例》。

（二）制定并审议通过基金会内部管理制度和有关规定。
（三）选举、罢免理事长、副理事长、秘书长。
（四）决定重大业务活动计划，包括资金的管理和使用、接受捐赠等。
（五）听取、审议秘书长的工作报告，检查秘书长的工作。
（六）听取有关资金运作的情况报告。
（七）审议年度收支预算及决算。
（八）决定由秘书长提名的副秘书长和各机构主要负责人的聘任。
（九）决定设立办事机构、分支机构、代表机构。
（十）决定基金会的分立、合并或终止。
（十一）认定评奖委员会通过的获奖人名单。
（十二）审议、接受社会团体和个人的捐赠。
（十三）决定其他重大事项。

第十三条 理事会每年至少召开2次会议，有特殊情况时，可采用通信形式召开。理事会会议由理事长负责召集和主持。有1/3理事提议，必须召开理事会会议。如理事长不能召集，提议理事可推选召集人。召开理事会会议，理事长或召集人需提前5日通知全体理事、监事。

第十四条 理事会会议须有2/3以上理事出席方能召开；理事会决议须经出席理事过半数通过方为有效。

下列重要事项的决议，须经出席理事表决，2/3以上通过方为有效：
（一）章程的修改。
（二）选举或者罢免理事长、副理事长、秘书长。
（三）接受章程规定的捐赠、投资活动。
（四）基金会的分立、合并。
（五）其他有关重大事项。

第十五条 理事会会议应当制作会议记录。形成决议的，应当当场制作会议纪要，并由出席理事审阅、签名。理事会决议违反法律、法规或章程规定，致使基金会遭受损失的，参与决议的理事应当承担责任。但经证明在表决时反对并记载于会议记录的，该理事可免除责任。

第十六条 本基金会设监事2名。监事任期与理事任期相同，期满可以连任。

第十七条 理事、理事的近亲属和基金会财会人员不得任监事。

第十八条 监事的产生和罢免：

（一）监事由主要捐赠人、业务主管单位分别选派。

（二）登记管理机关根据工作需要选派。

（三）监事的变更依照其产生程序。

第十九条 监事的权利和义务：

监事依照章程规定的程序检查基金会财务和会计资料，监督理事会遵守法律和章程的情况。

（一）通过本金的运作报表，了解、掌握本金的运作情况，并有权向理事会反映情况、提出建议。

（二）检查基金会的财务预算和决算报告，以保证资金的使用符合章程规定的范围。

（三）查阅财务会计资料及其他有关资料，监督基金会的财务情况。

监事列席理事会会议，有权向理事会提出质询和建议，并应当向登记管理机关、业务主管单位以及税务、会计主管部门反映情况。

监事应当遵守有关法律法规和基金会章程，忠实履行职责。

第二十条 在本基金会领取报酬的理事不得超过理事总人数的1/3。监事和未在基金会担任专职工作的理事不得从基金会获取报酬。

第二十一条 本基金会理事遇有个人利益与基金会利益关联时，不得参与相关事宜的决策；基金会理事、监事及其近亲属不得与基金会有任何交易行为。

第二十二条 理事会设理事长、副理事长和秘书长，从理事中选举产生。

第二十三条 本基金会理事长、副理事长、秘书长必须符合以下条件：

（一）在本基金会业务领域内有较大影响。

（二）理事长、副理事长、秘书长最高任职年龄不超过70周岁，秘书长为专职。

（三）身体健康，能坚持正常工作。

（四）具有完全民事行为能力。

第二十四条 有下列情形之一的人员，不能担任本基金会的理事长、副理事长、秘书长：

（一）属于现职国家工作人员的。

（二）因犯罪被判处管制、拘役或者有期徒刑，刑期执行完毕之日起未逾5年的。

（三）因犯罪被判处剥夺政治权利正在执行期间或者曾经被判处

剥夺政治权利的。

（四）曾在因违法被撤销登记的基金会担任理事长、副理事长或者秘书长，且对该基金会的违法行为负有个人责任，自该基金会被撤销之日起未逾5年的。

第二十五条 本基金会的理事长、副理事长、秘书长每届任期四年，连任不超过两届。因特殊情况需超届连任的，须经理事会特殊程序表决通过，报业务主管单位审查并经登记管理机关批准同意后，方可任职。

第二十六条 本基金会秘书长为基金会法定代表人。本基金会法定代表人不兼任其他组织的法定代表人。

本基金会法定代表人应当由中国内地居民担任。

本基金会法定代表人在任期间，基金会发生违反《基金会管理条例》和本章程的行为，法定代表人应当承担相关责任。因法定代表人失职，导致基金会发生违法行为或基金会财产损失的，法定代表人应当承担个人责任。

第二十七条 本基金会理事长行使下列职权：

（一）召集和主持理事会会议。

（二）检查理事会决议的落实情况。

（三）代表基金会签署重要文件。

本基金会副理事长、秘书长在理事长领导下开展工作，秘书长行使下列职权：

（一）主持开展日常工作，组织实施理事会决议。

（二）组织实施基金会年度公益活动计划。

（三）拟订资金管理和使用计划。

（四）拟订基金会的内部管理规章制度，报理事会审批。

（五）协调各机构开展工作

（六）提议聘任或解聘副秘书长以及财务负责人，由理事会决定。

（七）提议聘任或解聘各机构主要负责人，由理事会决定。

（八）决定各机构专职工作人员聘用。

（九）章程和理事会赋予的其他职权。

第四章　财产的管理和使用

第二十八条　本基金会为非公募基金会，本基金会的收入来源于：

（一）自然人、法人或其他组织自愿捐赠。

（二）投资收益。

（三）其他合法收入等。

第二十九条　本基金会的财产及其他收入受法律保护，任何单位、个人不得侵占、私分、挪用。

第 三 十 条　本基金会根据章程规定的宗旨和公益活动的业务范围使用财产。捐赠协议明确了具体使用方式的捐赠，根据捐赠协议的约定使用。接受捐赠的物资无法用于符合本基金会宗旨的用途时，基金会可以依法拍卖或者变卖，所得收入用于捐赠目的。

第三十一条　本基金会财产主要用于：

（一）颁发陈嘉庚科学奖奖金。

（二）制作陈嘉庚科学奖奖章。

（三）组织陈嘉庚科学奖评审、颁奖。

（四）举办学术活动。

（五）出版陈嘉庚科学奖有关的书籍及宣传材料。

（六）日常办公费用支出。

第三十二条　本基金会的重大资金、投资活动是指：

（一）海内外自然人、法人或者其他组织的捐赠。

（二）基金会本金的合法运作。

第三十三条　本基金会按照合法、安全、有效的原则实现基金的保值、增值。

第三十四条　本基金会每年用于从事章程规定的公益事业支出，不得低于上一年基金余额的8%。本基金会工作人员工资福利和行政办公支出不超过当年总支出的10%。

第三十五条　本基金会开展公益资助项目，应当向社会公开所开展的公益资助项目种类以及申请、评审程序。

第三十六条　捐赠人有权向本基金会查询捐赠财产的使用、管理情况，并提出意见和建议。对于捐赠人的查询，基金会应当及时如实答复。本基金会违反捐赠协议使用捐赠财产的，捐赠人有权要求基金会遵守捐赠协议或者向人民法院申请撤销捐赠行为、解除捐赠协议。

第三十七条 本基金会可以与受助人签订协议，约定资助方式、资助数额以及资金用途和使用方式。本基金会有权对资助的使用情况进行监督。受助人未按协议约定使用资助或者有其他违反协议情形的，本基金会有权解除资助协议。

第三十八条 本基金会应当执行国家统一的会计制度，依法进行会计核算、建立健全内部会计监督制度，保证会计资料合法、真实、准确、完整。

本基金会接受税务、会计主管部门依法实施的税务监督和会计监督。

第三十九条 本基金会配备具有专业资格的会计人员。会计不得兼出纳。会计人员调动工作或离职时，必须与接管人员办清交接手续。

第 四 十 条 本基金会每年1月1日至12月31日为业务及会计年度，每年3月31日前，理事会对下列事项进行审定：

（一）上年度业务报告及经费收支决算。

（二）本年度业务计划及经费收支预算。

（三）财产清册。

第四十一条 本基金会进行年检、换届、更换法定代表人以及清算，应当进行财务审计。

第四十二条 本基金会按照《基金会管理条例》规定，接受登记管理机关组织的年度检查。

第四十三条 本基金会通过登记管理机关的年度检查后，将年度工作报告在登记管理机关指定的媒体上公布，接受社会公众的查询、监督。

第五章 终止和剩余财产处理

第四十四条 本基金会有以下情形之一，应当终止：

（一）完成章程规定的宗旨的。

（二）无法按章程规定的宗旨继续从事公益活动的。

（三）基金会发生分立、合并的。

第四十五条 本基金会终止，应在理事会表决通过后15日内，报业务主管单位审查同意。经业务主管单位审查同意后15日内，向登记管理机关申请注销登记。

第四十六条 本基金会办理注销登记前，应当在登记管理机关、业务主管单位的指导下成立清算组织，完成清算工作。

本基金会应当自清算结束之日起15日内向登记管理机关办理注销登记；在清算期间不开展清算以外的活动。

第四十七条 本基金会注销后的剩余财产，应当在业务主管单位和登记管理机关的监督下，通过以下方式用于公益目的：

（一）奖励科研成果。

（二）资助科学研究及技术发明。

无法按照上述方式处理的，由登记管理机关组织捐赠给与本基金会性质、宗旨相同的社会公益组织，并向社会公告。

第六章 章程修改

第四十八条 本章程的修改，须经理事会表决通过后15日内，报业务主管单位审查同意。经业务主管单位审查同意后，报登记管理机关核准。

第七章 附则

第四十九条 本章程经2008年11月6日理事会表决通过。

第五十条 本章程的解释权属于理事会。

第五十一条 本章程自登记管理机关核准之日起生效。

陈嘉庚科学奖

陈嘉庚科学奖概况

陈嘉庚科学奖（以下简称“科学奖”）设立于2003年，宗旨是奖励具有中国自主知识产权的重要原创性科学技术成果①，促进中国科学技术事业的发展，实现中华民族的伟大复兴。

科学奖共设6个奖项：数理科学奖（包括数学、物理学、力学、天文学）、化学科学奖、生命科学奖（包括生物学、医学、农学）、地球科学奖、信息技术科学奖和技术科学奖，每两年评选一次，以奖励成果为主，每个奖项获奖人数不超过3人。如无符合奖励标准的项目，可以缺项。

科学奖于公历逢单年份推荐和评审，由相关领域的教授、研究员或其他正高级职称的专家推荐，不受理个人申请，推荐人不能是被推荐人相关成果的合作者。各评奖委员会对推荐的相应候选项目进行初选，投票产生有效候选奖项，并按相应学科领域，送请国内外至少10位同行专家进行书面评审，其中基础类研究成果需聘请至少5位国外同行专家评审。获得1/2以上同意推荐票数的成为初步候选奖项。根据同行专家的评审意见，评奖委员会在充分讨论和评议的基础上，投票产生正式候选奖项。最后，由陈嘉庚科学奖基金会理事会审议并投票产生正式获奖项目。

基金会已组织了5次科学奖的推荐和评审工作，共有18位杰出科学家获奖，并在院士大会上由国家领导人颁发获奖证书及陈嘉庚科学奖金质奖章。2004年度至2010年度科学奖奖金为30万元人民币，2012年度起增至50万元人民币。

陈嘉庚科学奖作为在中国科学院学部平台上运作的科技奖励，以服务国家目标、调动广大科技人员积极性和创造性为出发点，以推进国家创新体系建设为重要目标，努力在工作中发现人才、举荐人才，在全社会大力弘扬科学精神，促进科技进步和创新。2008年年底，国家科学技术奖励工作办公室组织专家对经科学技术部批准登记并运行了3年以上的103家全国性社会力量设立

① 陈嘉庚科学奖设立之初，奖励在5个设奖学科及相关领域内取得重大原始创新性成果的中国本土科学家；2005年5月16日，基金会第一届理事会第二次会议进一步明确了陈嘉庚科学奖的定位为奖励在世的中国公民在设奖的相关学科领域内近年来取得或被认定的原创性重大科学和技术成果；2006年4月12日，基金会第一届理事会第三次会议将定位修改为奖励近年来获得或被认定的原创性重大科学技术成就的在世中国公民；2008年11月6日，基金会第二届理事会第一次会议明确陈嘉庚科学奖重点奖励我国本土科学家，推荐的候选项目主要工作或工作创新点应在中国境内完成；2011年5月11日，基金会第二届理事会第五次会议明确陈嘉庚科学奖奖励具有中国自主知识产权的重要原创性科学技术成果

陈嘉庚科学奖历届获奖名单

年度	奖项	获奖项目名称	获奖人
2004	数理科学奖	空缺	空缺
	化学科学奖	空缺	空缺
	生命科学奖	空缺	空缺
	地球科学奖	空缺	空缺
	技术科学奖	空缺	空缺
2006	数理科学奖	晶体衍射分析中的相位不确定性问题	范海福
	化学科学奖	空缺	空缺
	生命科学奖	线粒体膜蛋白复合物Ⅱ的三维精细结构研究	饶子和
	地球科学奖	太阳风的形成机制	涂传诒
	信息技术科学奖	国际通用Hash函数的破解	王小云
	技术科学奖	空缺	空缺
2008	数理科学奖	倒向随机微分方程，非线性数学期望与金融数学	彭实戈
	化学科学奖	表面吸附单分子的高分辨表征与选控	侯建国
	生命科学奖	空缺	空缺
	地球科学奖	东亚环境变迁的季风控制学说	安芷生
	信息技术科学奖	空缺	空缺
	技术科学奖	空缺	空缺
2010	数理科学奖	固体的变形局部化、损伤与灾变	白以龙
	化学科学奖	态-态反应动力学研究	杨学明
	生命科学奖	Beta-arrestin 信号调节机制及生理病理研究	裴钢
	地球科学奖	中国含油气盆地构造学	李德生
	信息技术科学奖	空缺	空缺
	技术科学奖	人居环境科学	吴良镛
2012	数理科学奖	高质量拓扑绝缘体的外延生长和量子现象研究	薛其坤、陈曦、马旭村
	化学科学奖	基于派-共轭分子的有机功能材料的研究	朱道本
	生命科学奖	肝癌早期诊断、早期治疗与转移的研究	汤钊猷
	地球科学奖	空缺	空缺
	信息技术科学奖	可扩展并行计算机技术	杨学军
	技术科学奖	空缺	空缺

的科学技术奖进行了考核。考核重点为评审制度、评审工作的公平、公正性，以及对激励自主创新、推动行业科技进步和促进科技人才成长的作用及影响等。2009年8月，陈嘉庚科学奖基金会办公室收到《国家科学技术奖励工作办公室公告》第52号（国科奖字[2009]61号），陈嘉庚科学奖被评选为五个优秀奖励之一。

陈嘉庚科学奖已在科技界和全社会产生了广泛影响，其中2010年度陈嘉庚技术科学奖获得者吴良镛先生荣获2011年度国家最高科学技术奖。

2012年度陈嘉庚科学奖获得者

前排左起：杨学军、汤钊猷、朱道本、陈曦、薛其坤、马旭村

陈嘉庚科学奖奖励条例

(2003年6月17日陈嘉庚科学奖基金会理事会通过；2008年11月6日陈嘉庚科学奖基金会理事会第一次修订；2010年4月21日陈嘉庚科学奖基金会理事会第二次修订；2011年5月11日陈嘉庚科学奖基金会理事会第三次修订)

第一章　总　　则

第 一 条　为奖励具有中国自主知识产权的重要原创性科学技术成果，促进中国科学技术事业的发展，实现中华民族的伟大复兴，设立陈嘉庚科学奖。

第 二 条　陈嘉庚科学奖由陈嘉庚科学奖基金会（以下简称“基金会”）设立。

第 三 条　根据《陈嘉庚科学奖基金会章程》制定《陈嘉庚科学奖奖励条例》（以下简称《条例》）。

第 四 条　陈嘉庚科学奖共设六个奖项：数理科学奖（包括数学、物理学、力学、天文学）、化学科学奖、生命科学奖（包括生物学、医学、农学）、地球科学奖、信息技术科学奖和技术科学奖。

第 五 条　凡在所设奖项的相应学科领域内获得重要原创性科学技术成果的在世中国公民，经本《条例》规定的推荐和评审程序通过，可授予陈嘉庚科学奖。

第 六 条　陈嘉庚科学奖每两年评选一次，每个奖项每次评选一项，获奖人数一般为一人，最多不超过三人。如无符合标准的项目，可以缺项。

第二章　评奖委员会

第 七 条　陈嘉庚科学奖根据所设奖项分别设立评奖委员会，负责陈嘉庚科学奖的初选和评审工作。

第 八 条　评奖委员会委员由中国科学院各学部主任酝酿提名，经各学部常委会讨论通过，由基金会理事长聘任。

第三章　推荐与评审

第 九 条　陈嘉庚科学奖只接受推荐，不受理个人申请。

第 十 条　陈嘉庚科学奖候选奖项由相关领域的教授、研究员或同等专业技术职务的专家推荐方为有效。推荐人不能是被推荐成果相关论著的合作者。

第十一条　推荐人需填写《陈嘉庚科学奖候选奖项推荐书》，并附被推荐项目具有原创性重大成果的论文（著作）及相关材料，在规定的时间内寄送陈嘉庚科学奖基金会办公室。

第十二条　陈嘉庚科学奖基金会办公室在对推荐的候选奖项材料进行形式审查后，分别将材料送各评奖委员会进行初选和评审。

第十三条　各评奖委员会对推荐的候选奖项进行初选，投票产生不超过四个有效候选奖项，并提出同行评审专家名单，进行书面通信评审。

第十四条　各评奖委员会根据同行专家的评审意见，在充分讨论和评议的基础上投票排序，产生不超过两个正式候选奖项，审议和投票排序结果提交陈嘉庚科学奖基金会理事会审议。

第十五条　陈嘉庚科学奖基金会理事会审议、投票产生正式获奖项目。

第四章　颁　　奖

第十六条　陈嘉庚科学奖颁奖仪式在中国科学院全体院士大会上举行。

第十七条　陈嘉庚科学奖每个奖项奖金为五十万元人民币，同时授予荣誉奖章和证书。

第五章　附　　则

第十八条　本《条例》自陈嘉庚科学奖基金会理事会通过后实施。

第十九条　本《条例》由陈嘉庚科学奖基金会理事会负责解释。

第二十条　根据本《条例》的规定，由陈嘉庚科学奖基金会办公室负责制定《陈嘉庚科学奖奖励条例实施细则》，经理事会讨论通过后实施。

陈嘉庚科学奖奖励条例实施细则

（2003年6月17日陈嘉庚科学奖基金会理事会通过；2008年11月6日陈嘉庚科学奖基金会理事会第一次修订；2010年4月21日陈嘉庚科学奖基金会理事会第二次修订；2011年5月11日陈嘉庚科学奖基金会理事会第三次修订；2012年4月5日陈嘉庚科学奖基金会理事会第四次修订）

第一章 总 则

第 一 条 为做好陈嘉庚科学奖的奖励工作，根据《陈嘉庚科学奖奖励条例》的有关规定，制定《陈嘉庚科学奖奖励条例实施细则》（以下简称《实施细则》）。

第 二 条 本《实施细则》适用于陈嘉庚数理科学奖、化学科学奖、生命科学奖、地球科学奖、信息技术科学奖和技术科学奖的推荐、评审和颁奖等各项活动。

第 三 条 陈嘉庚科学奖获得者应为在世中国公民。

第二章 评奖委员会及同行评审

第 四 条 陈嘉庚科学奖按所设6个奖项分别设立评奖委员会，负责陈嘉庚科学奖相关奖项的初选和评审工作。

第 五 条 各评奖委员会委员由设奖相关学科领域的11～13名专家担任，设主任、副主任各1人。主任、副主任及委员人选由中国科学院各学部主任酝酿提名，经本学部常委会讨论通过，由基金会理事长聘任。委员会每届任期两年，每届一般更换1/3委员，委员可连任两届。

第 六 条 评奖委员会主任提名，商相关学部主任同意，可补聘有关专家参加评奖委员会的工作，并享有与正式委员同等的权力。

第 七 条 评奖委员会委员应具备下列条件：

（一）熟悉并掌握设奖学科及相关领域的科技发展动态和趋势。

（二）对设奖学科及其相关领域出现的，特别是尚未被人们普遍认识的，原创性重大科学和技术成果的科学价值及其对科学研究、社会和经济可能产生的影响有较强的判断能力。

（三）有良好的科学道德和修养。

第 八 条 各评奖委员会在主任领导下开展工作，其工作职责：

（一）对候选奖项进行初选，投票产生有效候选奖项。

（二）提出同行评审专家名单，组织同行专家评审。

（三）根据同行专家的书面评审意见，讨论、评议并投票产生陈嘉庚科学奖正式候选奖项。

（四）根据推荐情况，可邀请有关专家参与对候选奖项的介绍和讨论。

（五）研究解决陈嘉庚科学奖评审工作中的有关问题。

第 九 条 同行评审专家应具备下列条件：

（一）有较高的学术水平、敏锐的科学洞察力和较强的学术判断力。

（二）从事科学研究工作，熟悉相关研究领域有效候选奖项的研究内容及国内、国外发展情况。

（三）具有良好的科学道德，较强的社会责任感，学风严谨，公平公正，热心科学奖励事业。

第 十 条 同行评审专家工作职责：

（一）独立判断、客观评价送审的有效候选奖项，并在规定的时间内提交《同行专家评审表》。

（二）对有效候选奖项的论文或技术成果给予准确、简要的概括。

（三）充分阐述个人观点，提出综合评价意见，明确提出是否同意授予陈嘉庚科学奖。

第三章　推　　荐

第十一条 陈嘉庚科学奖由相关领域的教授、研究员或同等专业技术职务的专家推荐，不受理个人申请。推荐人不能是被推荐相关成果论著的合作者。

第十二条 每位推荐人可推荐一个候选奖项，每项一般推荐一位获奖人。若某项成果由一人以上分别做出了重要原创性科学发现或技术发明，推荐最多不超过三名获奖人；若某项成果由相关学科领域的科学家分别做出了重要原创性科学发现或技术发明，均可作为一个候选奖项推荐，推荐最多不超过三名获奖人。

第十三条 若推荐的候选奖项获奖人为一人以上，应分别说明各人在该候选奖项中所做出的重要原创性科学发现或技术发明的主要贡献及其水平和作用。

第十四条 推荐人应独立填写《陈嘉庚科学奖推荐书》，对原始创新性成果详细介绍并客观评价：

（一）重要原创性科学发现的内容、科学意义，对促进科学技术、社会发展所起的重要作用和产生的影响。

（二）重要原创性技术发明的内容、科学意义，对促进科学技术、社会、经济发展所起的重要作用和产生的影响。

第十五条 若推荐的候选奖项正在申报国家奖励，请在推荐书中予以注明；若推荐的候选奖项曾获国家奖励，则重点介绍该候选奖项获奖以后新的发现、重要的突破或发现其新的科学意义。

第十六条 推荐人应在规定的时间内在网上提交推荐材料，并将推荐书打印签名后寄送陈嘉庚科学奖基金会办公室，逾期推荐无效。

推荐材料包括：

（一）《陈嘉庚科学奖推荐书》。

（二）两篇该候选奖项科学发现或技术发明论文全文：其中一篇为该科学发现或技术发明最早发表的研究论文，另一篇为该科学发现或技术发明后续研究的代表性论文（非综述文章），或发明专利摘要和专利证书（或相关证明材料）。

第十七条 凡连续2次未获奖的候选项目，停止1次评审。

第十八条 陈嘉庚科学奖基金会办公室对推荐的候选项目有关材料进行形式审查，将审查结果上报各评奖委员会主任。

第十九条 根据推荐情况，评奖委员会主任联席会议可以对不同奖项的候选项目进行适当调整。

第四章 评 审

第二十条 评奖委员会确定有效候选奖项：

（一）各评奖委员会审议推荐的陈嘉庚科学奖候选奖项是否符合重要原创性科学和技术成果的定位，对符合陈嘉庚科学奖定位的候选奖项进入初选评审程序。

（二）对进入初选评审程序的候选奖项，经过充分讨论和评议，以无记名投票方式按得票数排序产生最多不超过4个有效候选奖项。出席会议人数须超过评奖委员会委员人数的2/3（下同），获得到会人数1/2以上得票数的方能入选有效候选奖项，并进入同行专家通信评审程序。若遇得票数相同而超过4个有效候选奖项时，需对最后得票相同的候选奖项再投票，取得票数多的候选奖项入选。

（三）根据确定的有效候选奖项，各评奖委员会提出进行通信评审的同行专家名单。每个有效候选奖项需聘请至少10位国内外同行专家进行书面评审，其中基础类研究成果需聘请至少5位国外同行专家评审。对个别技术类成果不能产生5位国外同行专家评审时，各评奖委员会可根据情况进行研究并投票表决确定聘请国外同行评审专家的人数。送同行专家书面评审的投票方式，由各评奖委员会主任在充分听取各评奖委员会成员意见的基础上，提请评奖委员会主任联席会议决定。

第二十一条 同行专家通信评审，产生初步候选奖项：

（一）进入同行专家通信评审程序的有效候选奖项，需按要求提供有关中、英文送审材料。

（二）在同行专家通信评审截止时间内，有效候选奖项反馈的通信评审意见未达到规定的份数要求，不进入下一轮评审。

（三）凡在同行专家通信评审中获得同意推荐的票数为1/2以上的有效候选奖项为初步候选奖项。

第二十二条 评奖委员会确定正式候选奖项：

（一）各评奖委员会对初步候选奖项进行充分评议和讨论，投票表决初步候选奖项是否符合陈嘉庚科学奖的定位和标准，对获得到会人数1/2得票数的初步候选奖项再进行打分投票。

（二）对符合定位和标准的初步候选奖项，按分值1～10分对该奖项进行无记名打分投票，依据得分高低产生不超过2个正式候选奖项。获得平均分在6分（含）以上时，方能入选正式候选奖项。若遇得分相同而超过2个正式候选奖项时，则需对得分相同的初步候选奖项再打分投票，得分高者为正式候选奖项。

（三）各评奖委员会对确定的正式候选奖项写出书面评审意见，并按照投票结果排序，提交陈嘉庚科学奖基金会理事会审议。

第二十三条 陈嘉庚科学奖基金会理事会对正式候选奖项进行审议，并投票产生正式获奖项目。获得到会人数2/3（含）以上票数的为正式获奖项目。

第二十四条 陈嘉庚科学奖基金会办公室负责推荐和评审的组织工作。

第五章 颁 奖

第二十五条 陈嘉庚科学奖颁奖仪式在中国科学院院士大会上举行。

第二十六条 陈嘉庚科学奖基金会邀请获奖者参加颁奖的有关活动，包括出席颁奖仪式、接受陈嘉庚科学奖奖金、奖章、证书及其他有关活动等。

第六章 附 则

第二十七条 各评奖委员会经过评议，若不能产生符合奖励标准的获奖项目，可以空缺。

第二十八条 陈嘉庚科学奖的评审实行保密及回避制度：

（一）各评奖委员会委员不参加本人所在评奖委员会评审项目的推荐和书面评审。

（二）对外不公布评奖委员会和同行评审专家名单、评审意见以及评审过程中的有关情况。

（三）与候选奖项直接相关的科研及管理人员和被推荐人的直系亲属，不得参与各评奖委员会和同行专家的评审工作。

（四）推荐人不参加评审工作。

第二十九条 陈嘉庚科学奖不受理有争议的候选奖项。凡在成果所有权、知识产权、推荐获奖人员等方面存有争议的项目，在争议解决后方可推荐。

第 三 十 条 若评奖过程中遇到根据《实施细则》不能明确判定的有关问题，由评奖委员会主任会议或相关的评奖委员会会议确定。

第三十一条 本《实施细则》由陈嘉庚科学奖基金会办公室负责制定和解释，经理事会讨论通过后实施。

陈嘉庚青年科学奖

陈嘉庚青年科学奖概况

鉴于国际上对青年奖的重视及我国目前青年奖的设置数量和水平与我国科技发展现状不相适应的状况，为激励我国更多的青年科技工作者献身科技事业、做出更多创新性贡献，2010年11月26日召开的基金会第二届理事会第四次会议审议决定设立陈嘉庚青年科学奖（以下简称“青年奖”）。

青年奖奖励做出具有中国自主知识产权的原创性成果的青年科技人才（年龄在40周岁以下）①，激励我国青年科技工作者立志献身国家科学技术创新事业。

① 2011年5月前，青年奖奖励获得原创性成果，主要研究工作在中国境内完成的青年科技人才

青年奖在如下6个领域设立相应奖项：数理科学（包括数学、物理学、力学、天文学）、化学科学、生命科学（包括生物学、医学、农学）、地球科学、信息技术科学和技术科学。每两年评选一次，以奖励人物为主，每个领域每次评选一人。如不符合奖励标准，可以空缺。

青年奖由相关领域的教授、研究员或其他正高级职称的专家推荐，不受理个人申请，推荐人不能是被推荐人相关成果的合作者。各评奖委员会对推荐的相应候选人进行初选，投票产生有效候选人，并按相应的学科领域，送请国内至少10位同行专家进行书面评审，获得1/2以上同意推荐票数的成为初步候选人。根据同行专家的评审意见，评奖委员会在充分讨论和评议的基础上，投票产生正式候选人。最后，由陈嘉庚科学奖基金会理事会审议并投票产生正式获奖人。

青年奖与科学奖同步推荐、评审和颁奖，在公历逢单年份的1～3月接受推荐，4～11月组织评审，12月的基金会理事会投票产生正式获奖人；在公历逢双年份的中国科学院院士大会上由国家领导人颁奖，每个奖项奖金为20万元人民币。首届青年奖一经设立，就得到我国科技界的广泛关注。经过评审，共有6位杰出青年科学家获奖。

陈嘉庚青年科学奖获奖名单

年度	奖项	获奖人	获奖成果
2012	数理科学奖	彭承志	量子通信实验研究
	化学科学奖	胡金波	含氟碳负离子化学中的独特氟效应及其应用
	生命科学奖	宋保亮	胆固醇代谢平衡调控的机理与应用基础研究
	地球科学奖	汪毓明	日冕物质抛射的对地有效性
	信息技术科学奖	高会军	网络环境下动态系统的分析与综合
	技术科学奖	成永军	非蒸散型吸气剂在真空计量标准校准下限延伸中的应用

2012年度陈嘉庚青年科学奖获得者

右起：彭承志、胡金波、宋保亮、汪毓明、高会军、成永军

陈嘉庚青年科学奖奖励条例

（2010年11月26日陈嘉庚科学奖基金会理事会通过；2011年5月11日陈嘉庚科学奖基金会理事会第一次修订）

第一章　总　　则

第 一 条　为奖励做出具有中国自主知识产权的原创性成果的青年科技人才，激励我国青年科技工作者立志献身国家科学技术创新事业，设立陈嘉庚青年科学奖。

第 二 条　陈嘉庚青年科学奖由陈嘉庚科学奖基金会（以下简称基金会）设立。

第 三 条　根据《陈嘉庚科学奖基金会章程》制定《陈嘉庚青年科学奖奖励条例》（以下简称《条例》）。

第 四 条　陈嘉庚青年科学奖共设六个奖项：数理科学奖（包括数学、物理学、力学、天文学）、化学科学奖、生命科学奖（包括生物学、医学、农学）、地球科学奖、信息技术科学奖和技术科学奖。

第 五 条　凡在所设奖项的相应学科领域内获得原创性科学技术成果，年龄40周岁以下（包括40周岁）的在世中国公民（以颁奖年的6月30日实足年龄计算），经本《条例》规定的推荐和评审程序通过，可授予陈嘉庚青年科学奖。

第 六 条　陈嘉庚青年科学奖每两年评选一次，每个奖项每次评选一人，可以空缺。

第二章　评奖委员会

第 七 条　陈嘉庚青年科学奖根据所设奖项分别设立评奖委员会，负责陈嘉庚青年科学奖的初选和评审工作。

第 八 条　评奖委员会委员由中国科学院各学部主任酝酿提名，经各学部常委会讨论通过，由基金会理事长聘任。

第三章　推荐与评审

第　九　条　陈嘉庚青年科学奖只接受推荐，不受理个人申请。

第　十　条　陈嘉庚青年科学奖候选奖项由相关领域的教授、研究员或同等专业技术职务的专家推荐方为有效。推荐人不能是被推荐人相关成果的合作者。

第十一条　推荐人需填写《陈嘉庚青年科学奖推荐书》，并附被推荐人具有原创性成果的论文（著作）及相关材料，在规定的时间内寄送陈嘉庚科学奖基金会办公室。

第十二条　陈嘉庚科学奖基金会办公室在对推荐的候选人材料进行形式审查后，将材料分别送各评奖委员会进行初选和评审。

第十三条　各评奖委员会对推荐的候选人进行初选，投票产生不超过4名有效候选人，并提出同行评审专家名单，进行书面通信评审。

第十四条　各评奖委员会根据同行专家的评审意见，在充分讨论和评议的基础上投票排序，产生不超过2名正式候选人，审议和投票排序结果提交陈嘉庚科学奖基金会理事会审议。

第十五条　陈嘉庚科学奖基金会理事会审议、投票产生正式获奖人。

第四章　颁　　奖

第十六条　在中国科学院院士大会上颁奖。

第十七条　陈嘉庚青年科学奖每项奖金为二十万元人民币，同时授予证书。

第五章　附　　则

第十八条　陈嘉庚青年科学奖评奖工作参照《陈嘉庚科学奖奖励条例实施细则》执行。

第十九条　本《条例》经陈嘉庚科学奖基金会理事会讨论通过后实施，由陈嘉庚科学奖基金会理事会负责解释。

陈嘉庚科学奖评委会名单

陈嘉庚科学奖第一届评奖委员会名单

陈嘉庚数理科学奖评奖委员会（9人）

主　任　贺贤士

副主任　王梓坤

委　员　（按姓氏拼音排序）

方　成　贺贤士　李方华　李家明　石钟慈　王梓坤　魏宝文
叶朝辉　周　恒

陈嘉庚化学科学奖评奖委员会（9人）

主　任　王佛松

副主任　刘元方

委　员　（按姓氏拼音排序）

曹　镛　陈洪渊　何鸣元　李静海　刘元方　佟振合　万惠霖
王佛松　张礼和

陈嘉庚生命科学奖评奖委员会（9人）

主　任　梁栋材

副主任　陈慰峰

委　员　（按姓氏拼音排序）

陈可冀　陈慰峰　梁栋材　梁智仁　卢永根　裴　钢　吴常信
杨弘远　朱作言

陈嘉庚地球科学奖评奖委员会（9人）

主　任　陈　颙

副主任　安芷生

委　员　（按姓氏拼音排序）

安芷生　巢纪平　陈　颙　丑纪范　李吉均　李廷栋　童庆禧
吴国雄　张弥曼

陈嘉庚信息技术科学奖评奖委员会（7人）

主　任　周炳琨

副主任　戴汝为

委　员　（按姓氏拼音排序）

陈俊亮　戴汝为　侯朝焕　金怡濂　林惠民　王阳元　周炳琨

陈嘉庚技术科学奖评奖委员会（9人）

主　任　徐建中

副主任　叶恒强

委　员　（按姓氏拼音排序）

李恒德　闵桂荣　欧阳予　王淀佐　项海帆　徐建中　徐性初
叶恒强　郑哲敏

陈嘉庚科学奖第二届评奖委员会名单

陈嘉庚数理科学奖评奖委员会（11人）

主　任　贺贤土

副主任　李大潜

委　员　（按姓氏拼音排序）

方　成　贺贤土　姜伯驹　李大潜　石钟慈　解思深　叶朝辉
于　渌　詹文龙　张宗烨　周　恒

陈嘉庚化学科学奖评奖委员会（11人）

主　任　朱道本

副主任　何鸣元

委　员　（按姓氏拼音排序）

曹　镛　陈洪渊　何鸣元　洪茂椿　黎乐民　林国强　佟振合
万惠霖　杨玉良　袁　权　朱道本

陈嘉庚生命科学奖评奖委员会（11人）

主　任　梁栋材

副主任　方荣祥

委　员　（按姓氏拼音排序）

陈可冀　陈慰峰　方荣祥　洪德元　鞠　躬　李振声　梁栋材
裴　钢　施蕴渝　苏国辉　吴常信

陈嘉庚地球科学奖评奖委员会（11人）

主　任　陈　颙

副主任　涂传诒

委　员　（按姓氏拼音排序）

巢纪平　陈　颙　丑纪范　李德仁　李曙光　李廷栋　戎嘉余
涂传诒　王　颖　吴国雄　许志琴

陈嘉庚信息技术科学奖评奖委员会（13人）

主　任　周炳琨

副主任　侯朝焕

委　员　（按姓氏拼音排序）

包为民　陈俊亮　陈星弼　郭光灿　何积丰　侯朝焕　黄　琳
金怡濂　林尊琪　刘盛纲　王占国　周炳琨　周兴铭

陈嘉庚技术科学奖评奖委员会（13人）

主　任　程耿东

副主任　叶恒强

委　员　（按姓氏拼音排序）

曹春晓　程耿东　胡文瑞　闵桂荣　宋家树　王大中　徐建中
杨叔子　叶恒强　张楚汉　张　泽　郑哲敏　周锡元

陈嘉庚科学奖第三届评奖委员会名单

陈嘉庚数理科学奖评奖委员会（11人）

主　任　李大潜

副主任　于　渌

委　员　（按姓氏拼音排序）

崔尔杰　葛墨林　姜伯驹　李大潜　马志明　孙义燧　解思深
于　渌　詹文龙　张宗烨　朱邦芬

陈嘉庚化学科学奖评奖委员会（11人）

主　任　朱道本

副主任　洪茂椿

委　员　（按姓氏拼音排序）

费维扬　洪茂椿　侯建国　黎乐民　林国强　杨玉良　袁　权
张玉奎　赵玉芬　周其凤　朱道本

陈嘉庚生命科学奖评奖委员会（11人）

主　任　林其谁

副主任　方荣祥

委　员　（按姓氏拼音排序）

方荣祥　洪德元　鞠　躬　李振声　林其谁　刘以训　强伯勤
施蕴渝　苏国辉　曾益新　张启发

陈嘉庚地球科学奖评奖委员会（11人）

主　任　安芷生

副主任　涂传诒

委　员　（按姓氏拼音排序）

安芷生　陈运泰　黄荣辉　李德仁　李曙光　刘嘉麒　戎嘉余
苏纪兰　童庆禧　涂传诒　许志琴

陈嘉庚信息技术科学奖评奖委员会（13人）

主　任　刘永坦

副主任　郭光灿

委　员　（按姓氏拼音排序）

包为民　陈星弼　郭光灿　何积丰　黄　琳　简水生　李启虎
李　未　林尊琪　刘永坦　陆汝钤　王占国　姚建铨

陈嘉庚技术科学奖评奖委员会（13人）

主　任　顾秉林

副主任　周　远

委　员　（按姓氏拼音排序）

曹春晓　程耿东　顾秉林　胡海岩　胡文瑞　宋家树　王大中
杨叔子　叶培建　张　泽　张楚汉　周锡元　周　远

陈嘉庚科学奖第四届评奖委员会名单

陈嘉庚数理科学奖评奖委员会（11人）

主　任　李大潜

副主任　欧阳钟灿

委　员　（按姓氏拼音排序）

白以龙　陈和生　葛墨林　李大潜　马志明　欧阳钟灿　孙义燧
文　兰　詹文龙　赵忠贤　朱邦芬

陈嘉庚化学科学奖评奖委员会（12人）

主　任　周其凤

副主任　侯建国

委　员　（按姓氏拼音排序）

段　雪　费维扬　冯守华　高　松　侯建国　江桂斌　涂永强
万立骏　张　希　张玉奎　赵玉芬　周其凤

陈嘉庚生命科学奖评奖委员会（11人）

主　任　林其谁

副主任　方荣祥

委　员　（按姓氏拼音排序）

方荣祥　洪德元　鞠　躬　李振声　林其谁　刘以训　强伯勤
施蕴渝　苏国辉　曾益新　张启发

陈嘉庚地球科学奖评奖委员会（11人）

主　任　安芷生

副主任　陈运泰

委　员　（按姓氏拼音排序）

安芷生　陈运泰　戴金星　傅家谟　黄荣辉　刘嘉麒　苏纪兰
童庆禧　王　水　杨元喜　张弥曼

陈嘉庚信息技术科学奖评奖委员会（13人）

主　任　刘永坦

副主任　郭光灿

委　员　（按姓氏拼音排序）

包为民　陈俊亮　褚君浩　郭光灿　何积丰　侯　洵　黄　琳
李启虎　李　未　林尊琪　刘永坦　陆汝钤　姚建铨

陈嘉庚技术科学奖评奖委员会（13人）

主　任　顾秉林

副主任　周　远

委　员　（按姓氏拼音排序）

陈　达　程耿东　都有为　顾秉林　胡海岩　伍小平　薛其坤
叶培建　张楚汉　张　泽　赵淳生　周锡元　周　远

2

第贰篇

科学之星

2004年度陈嘉庚科学奖推荐评审情况

2003年6月陈嘉庚科学奖基金会成立后，基金会办公室即启动了2004年度陈嘉庚科学奖的评奖工作。首次评奖共设5个奖项，包括数理科学奖、化学科学奖、生命科学奖、地球科学奖和技术科学奖。根据陈嘉庚科学奖“重点奖励中国本土在世的科学家在设奖的相关学科领域内，近几年取得或被认定的原始创新性的重大科学发现或技术发明”的定位，在理事会领导下，2004年度陈嘉庚科学奖的评奖工作在坚持评奖方向、严格把握评审标准、努力实现定位目标的指导思想下展开。由于本次评奖工作是陈嘉庚科学奖基金会正式注册后的首次评奖，如何坚持评奖方向、把握评审标准，评审出符合陈嘉庚科学奖奖励定位的项目，关系到今后陈嘉庚科学奖的奖励方向。因此，从理事会到各评奖委员会对评审工作都极为重视。2003年12月底，由路甬祥理事长主持召开了陈嘉庚科学奖评奖委员会主任会议，专门讨论评审标准问题。2004年5月和12月又先后2次召开由李静海副理事长主持的评奖委员会主任会议，通报推荐和同行专家评审情况，重点讨论如何把握定位目标、掌握评审标准问题，强调陈嘉庚科学奖的评审要坚持宁缺毋滥的原则。

2003年7月，基金会办公室向国内主要高等院校、科研院所发出《关于推荐首届陈嘉庚科学奖候选项目的通知》，共计260多份。截至2003年11月18日，共收到推荐候选奖项27项。

2004年1月初，陈嘉庚科学奖数理科学奖、化学科学奖、地球科学奖和技术科学奖4个评奖委员会分别召开了评审会议。

根据推荐的情况，评审会议提出了补充推荐的建议，并报理事会同意。2004年2月27日，办公室向推荐专家发出《关于补充推荐2004年度陈嘉庚科学奖候选项目的通知》，共2000多份，同时在中国科学院网站上发布消息。

截至2004年5月10日，陈嘉庚科学奖共收到补充推荐的候选奖项31项，形式审查基本合格的有27项。 5月底至6月初，陈嘉庚科学奖5个评奖委员会先后召开会议，对2004年度陈嘉庚科学奖的候选奖项进行评审。经讨论、评审、投票，陈嘉庚数理科学奖和技术科学奖各有1个候选项目进入同行专家书面评审程序。陈嘉庚化学科学奖、生命科学奖和地球科学奖的候选奖项均未获得2/3以上的同意票数，故空缺。

2004年12月初，办公室收到数理科学奖候选项目（1项）同行评审意见14份，技术科学奖候选项目（1项）同行评审意见13份，其同意票数均超过2/3，符合《实施细则》规定中成为正式候选奖项的要求。12月27日，陈嘉庚数理科学奖、技术科学奖分别召开评审会议，评审正式候选奖项。评审会议首先传达了12月15日陈嘉庚科学奖基金会第二次主任会议的精神，在认真研读同行专家的评审意见和充分讨论的基础上，对正式候选奖项进行投票。由于2个正式候选奖项均未获得规定的2/3以上的同意票数，因此，2004年度陈嘉庚科学奖的5个奖项均空缺。

回顾2004年度的评奖工作，虽然5个奖项均空缺，但通过多次的讨论，评奖委员会对陈嘉庚科学奖的定位和如何把握评奖标准取得了初步共识，基金会办公室也在评奖的组织工作中积累了经验，为今后的评奖工作打下了一定的基础。

2006年度陈嘉庚科学奖获奖项目及获奖人

2003年6月陈嘉庚科学奖成立之初，共设5个奖项，包括数理科学奖、化学科学奖、生命科学奖、地球科学奖和技术科学奖。2005年5月召开的基金会第一届理事会第二次会议决定，根据2004年院士大会将中国科学院技术科学部分为技术科学部和信息技术科学部的实际情况，从2006年度开始增设陈嘉庚信息技术科学奖，同时设立相应的评奖委员会。会议重申，要坚持基金会的宗旨和奖励定位，通过努力把陈嘉庚科学奖逐步办成在国内外都有影响的奖项。会议进一步明确了陈嘉庚科学奖的定位为奖励在世的中国公民在设奖的相关学科领域内近年来取得或被认定的原创性重大科学和技术成果。会议决定，参照国内外有关奖项的推荐、评审办法，对《条例》和《实施细则》中的有关条款进行修改，将陈嘉庚科学奖候选奖项由具有教授、研究员或同等专业技术职务的3位专家推荐有效改为1位专家推荐有效；将评奖委员会和常委会选举候选奖项的投票表决由获得超过到会人数2/3得票数有效改为超过1/2得票数有效；增加理事会投票程序，获得到会理事2/3以上得票数为正式获奖项目。

2006年度陈嘉庚科学奖推荐工作于2005年6月15日正式启动，共发出推荐邀请——《关于推荐2006年度陈嘉庚科学奖候选奖项的通知》1825份。截至2005年8月底，收到推荐项目49项，被推荐人58位。

2005年9月6日召开了陈嘉庚科学奖评奖委员会主任会议。9月7～22日，根据主任会议的精神，陈嘉庚科学奖各评奖委员会分别召开陈嘉庚科学奖有效候选奖项评审会议，投票产生了15个有效候选奖项（数理科学奖3项，化学科学奖1项，生命科学奖3项，地球科学奖4项，信息技术科学奖2项，技术科学奖2项）。随后，基金会办公室共向206位国内外同行专家发送了评审邀请和材料，根据同行专家的评审意见，共产生12个初步候选奖项（数理科学奖3项，化学科学奖1项，生命科学奖2项，地球科学奖4项，信息技术科学奖2项）。2006年2月7～17日，陈嘉庚科学奖各评奖委员会举行第二次会议，对通过同行专家评审的初步候选奖项进行评议并投票产生共9个正式候选奖项（数理科学奖2项，化学科学奖1项，生命科学奖2项，地球科学奖2项，信息技术科学奖2项）。各评奖委员会对确定的正式候选奖项写出评审意见并提交各学部常委会审议。2006年2月20日～4月5日，各学部常委会对正式候选奖项进行了审议，投票产生了6个建议获奖项目（数理科学奖1项，生命科学奖2项，地球科学奖2项，信息技术科学奖1项）。

2006年4月12日基金会第一届理事会第三次会议对提交的6个建议获奖项目进行了认真的讨论，并进行了投票表决。根据投票结果，2006年度陈嘉庚科学奖获奖项目共4个：陈嘉庚数理科学奖获奖项目“晶体衍射分析中的相位不确定性问题”，获奖科学家为中国科学院物理研究所范海福研究员；陈嘉庚生命科学奖获奖项目“线粒体膜蛋白复合物Ⅱ的三维精细结构研究”，获奖科学家为南开大学饶子和教授；陈嘉庚地球科学奖获奖项目“太阳风的形成机制”，获奖科学家为北京大学地球与空间科学学院涂传诒教授；陈嘉庚信息技术科学奖获奖项目“国际通用Hash函数的破解”，获奖科学家为山东大学王小云教授。同时，第一届理事会第三次会议还决定，将陈嘉庚科学奖的定位改为奖励近年来获得或被认定的原创性重大科学技术成就的在世中国公民。

在本年度的评奖过程中，评奖委员会根据陈嘉庚科学奖的定位，结合本年度推荐和评审情况，通过多次研究和讨论，加深了对奖励标准的理解，对如何把握评奖标准达成了共识，积累了评审经验，推动了评审工作的开展。另外，为了改进和完善评审方式，根据评奖委员会初选和同行专家评审情况，在正式候选奖项和建议获奖项目评审中采用了定性和定量相结合的打分形式，使评审过程更加科学和规范。

2006 年度陈嘉庚数理科学奖

获奖人

范海福

晶体学家，1933年8月15日生于广东广州。1956年毕业于北京大学化学系。中国科学院院士，第三世界科学院院士，现任中国科学院物理研究所研究员。1983～1996年任中山大学化学系、物理系兼职教授。1985～1993年任中国科技大学结构分析中心兼职教授。1987年起任国际晶体学会中国委员会委员。1987～1993年任第十四、十五届国际晶体学会，晶体学计算委员会委员。2005～2008年任北京大学生命科学院兼职教授。

范海福主要从事晶体衍射分析方法学的研究，与英国皇家学会会员M.M.Woolfson合作专著一部（Physical and Non-physical Methods of Solving Crystal Structures, Cambridge University Press, 1995）。

获奖项目

晶体衍射分析中的相位不确定性问题

摘要

从晶体的衍射效应求解晶体的结构是物理学的一个逆问题。本项目研究相位模糊的成因、表现和破解方法，获得在材料科学和生命科学中有重要应用价值的成果：①相位模糊的成因有二：试样有赝对称性或分析方法有缺陷。 ②相位模糊可分为平移型和对映型。③基于一组多维(维数≥4)空间中的变形Sayre方程，建立了无需依赖于任何假想模型的、从头测定非公度调制结构和组合结构的方法。相关的计算程序DIMS/VEC自2000年在网上发布以来，已有66个国家和地区的3000多人下载。④导出破解对映型相位模糊问题的直接法概率式，用于破解SAD/SIR（单波长异常衍射或单对同晶型置换）数据的相位模糊问题，并用于蛋白质衍射相位的精修和外推。相关的计算程序OASIS首发于2000年，并于2006年、2008年、2012年推出更新版本。该程序从2000年起被国际著名蛋白质结构分析程序库CCP4收录，2006年起被欧洲分子生物学组织的蛋白质结构自动测定流水线Auto-Rickshaw采用。

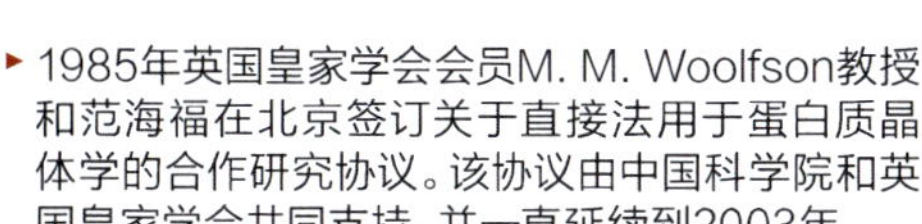

▸ 1985年英国皇家学会会员M. M. Woolfson教授和范海福在北京签订关于直接法用于蛋白质晶体学的合作研究协议。该协议由中国科学院和英国皇家学会共同支持，并一直延续到2003年

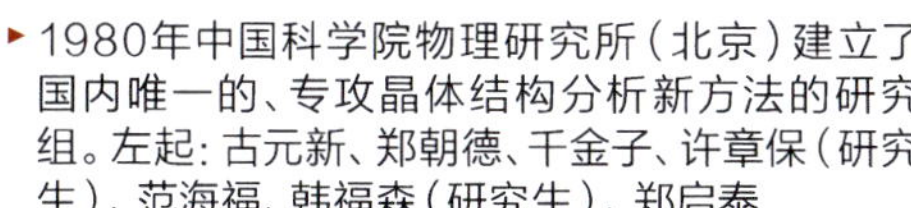

▸ 1980年中国科学院物理研究所（北京）建立了国内唯一的、专攻晶体结构分析新方法的研究组。左起：古元新、郑朝德、千金子、许章保（研究生）、范海福、韩福森（研究生）、郑启泰

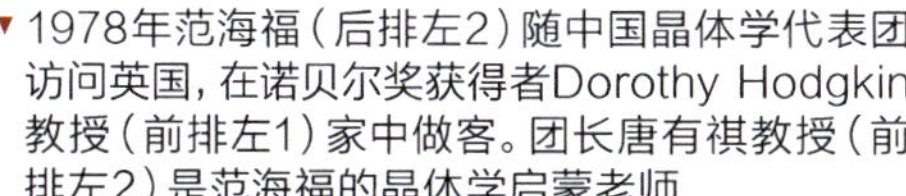

▾ 1978年范海福（后排左2）随中国晶体学代表团访问英国，在诺贝尔奖获得者Dorothy Hodgkin教授（前排左1）家中做客。团长唐有祺教授（前排左2）是范海福的晶体学启蒙老师

THE PROBLEM OF PHASE AMBIGUITY IN SINGLE CRYSTAL STRUCTURE ANALYSIS

FAN HAI-FU

Research group on crystal structure analysis, Institute of Physics, Chinese Academy of Sciences, Beijing, China

Introduction

It is well known that phase ambiguities cause troubles in the determination of crystal structures. Many difficult structures have such a common property that some kind of phase ambiguities often occurs in the process of structure determination. Phase ambiguity can also appear as an inherent property of certain techniques such as single isomorphous replacement (SIR) and one-wave-length anomalous scattering (OAS).

On the other hand phase ambiguity may be rather an indication of success than a portent of failure. Because when phase ambiguity occurs, the phase problem in fact has been partially solved.

Phase ambiguities may be classified into two categories:

1. Translational phase ambiguity

In this case, phases of reflections belonging to certain index group(s) will remain systematically undetermined after a conventional phase developing process. The task of solving this problem is to find some way to derive the undetermined phases by making use of the known ones.

2. Enantiomorphous phase ambiguity

This can only occur in the determination of non-centrosymmetric structures. In the case that this ambiguity occurs, we can find two possible phases (one true and one fault) associated with each reflection. The remaining task of the structure determination is to make choice between the two possibilities for each reflection. Thus the phase problem reduces to a matter similar to that of solving a centrosymmetric structure.

In our group, direct methods for breaking various kinds of phase ambiguities are in continuously developing. Some of them were successfully applied to a number of difficult small structures. Others are now tested on protein structures and the results are very encouraging.

Phase Ambiguities due to Pseudo Symmetry in Real Space

For detail discussion on this topic, the reader is referred to the paper by Fan & Zheng (1982) and the paper cited therein. Here a brief account is given.

1. Translational phase ambiguity due to pseudo translational symmetry

If in a crystal structure there exists a pseudo translational vector $\boldsymbol{t}=\boldsymbol{T}/n$, where $\boldsymbol{T}$ is the shortest exact translation vector in the structure parallel to $\boldsymbol{t}$ and n is an integer, then there will exist some group(s) of reflections having systematically weak intensities. The reciprocal vector $\boldsymbol{H}$ of these reflections will satisfy the relation $\boldsymbol{H}\cdot\boldsymbol{t}\neq n$. In the process of the structure determination, phases of reflections belonging to the 'strong' group(s) with $\boldsymbol{H}\cdot\boldsymbol{t}=n$ can be obtained by using conventional methods, but the phases of reflections belonging to the 'weak' group(s) with $\boldsymbol{H}\cdot\boldsymbol{t}\neq n$ will be rather difficult to determine. This results in an n-fold superimposed image, which contains the true structure together with $n-1$ translational images of the structure. Normally it would be very difficult to pick up the true structure from such a multiple image. Fan (1975) proposed a method for solving this problem by making use of a modified Sayre equation. The method has been verified with the crystal structure of SHAS, $C_5H_6O_5N_3K$, which crystallizes in space group $P2_12_12_1$ with $a=7.51$ Å, $b=9.95$ Å, $c=10.98$ Å and $Z=4$. The K atom in the

2006 年度陈嘉庚 生命科学奖

获奖项目

线粒体膜蛋白复合物Ⅱ的 三维精细结构研究

摘要

线粒体呼吸链复合物Ⅱ(琥珀酸: 辅酶Q氧化还原酶)作为内膜蛋白复合体, 在三羧酸循环过程和有氧呼吸过程中都发挥着重要的作用。该项目以与人类同源性较高的猪心为原材料, 率先解析了线粒体复合物Ⅱ的2.4埃分辨率的晶体结构, 同时, 还解析了该膜蛋白复合物与抑制剂3-硝基丙酸(3-NPA)、2-噻吩甲酰三氟丙酮(2-TTFA)的复合体3.5埃分辨率的晶体结构。复合物Ⅱ由两个亲水蛋白[黄素蛋白(Fp)和铁硫蛋白(Ip)]和两个穿膜蛋白[细胞色素b结合蛋白亚基L(CybL)和细胞色素b结合蛋白亚基S(CybS)]构成, 其中还包含了从琥珀酸传递电子到辅酶Q所需的电子传递载体。通过结构分析, 发现电子传递载体周围的氨基酸组成决定了它们氧化还原电位的高低变化。基于母体和复合物的晶体结构, 揭示并讨论了线粒体呼吸链复合物Ⅱ的两个辅酶Q位结合点。线粒体呼吸链复合物Ⅱ结构的解析填补了呼吸链研究的一项空白, 并且在从分子水平上解释和研究与该复合物缺陷相关的许多人类肿瘤疾病方面具有深远的意义。

▲显微镜下猪心线粒体呼吸链复合物Ⅱ的晶体

图中橙红色米粒状晶体为猪心线粒体呼吸链复合物Ⅱ的晶体, 其线度大约为100微米

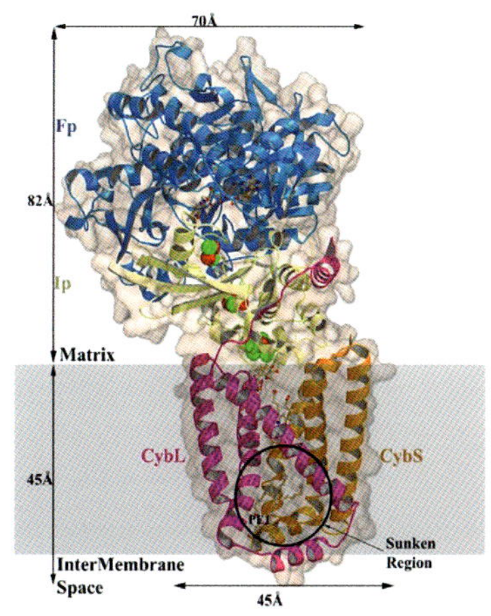

▲猪心线粒体呼吸链复合物Ⅱ的结构

图为猪心线粒体呼吸链复合物Ⅱ晶体结构的飘带表示图, 背景为该结构的表面图, 灰色矩形区域示意复合物Ⅱ的跨膜部分所在的线粒体内膜, 内膜上方为线粒体基质, 下方为线粒体的膜间隙; 飘带结构中, 蓝色为黄素蛋白(Fp), 米色为铁硫蛋白(Ip), 粉红色和金黄色为两个穿膜蛋白(CybL和CybS)

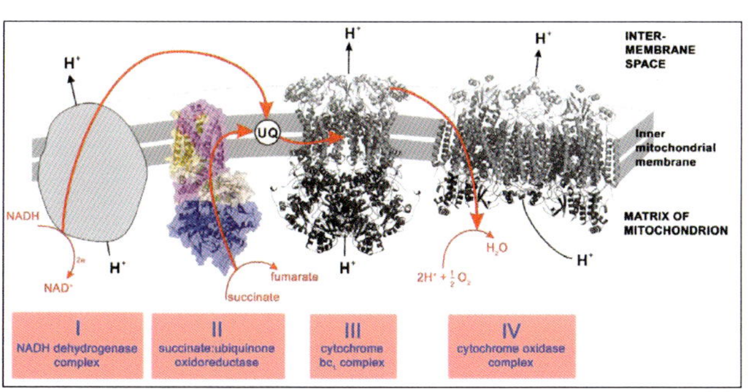

◀线粒体内膜上四个呼吸链膜蛋白复合物

图中从左到右依次为复合物Ⅰ, 复合物Ⅱ, 复合物Ⅲ和复合物Ⅳ, 其中除了复合物Ⅰ, 其余三个复合物的结构已经得到解析, 图中红色粗线表示电子传递的方向, 红色细线表示在线粒体基质一侧的生化反应, 黑色的箭头表示质子的泵出方向

获奖人

饶子和

分子生物物理与结构生物学家，1950年9月6日出生于江苏南京。中国科学院院士，TWAS院士，南开大学教授，清华大学教授，中国科学技术协会常委，中国生物物理学会理事长，谈家桢生命科学奖奖励委员会主任；曾任中国科学院生物物理研究所所长，南开大学校长等职。

长期从事与新发、再发传染病病原体相关的蛋白质结构、功能及创新药物的研究，取得了一系列重要的原创性成果。发表学术论文280篇，申报国家发明专利123项。

曾获陈嘉庚科学奖、第三世界科学院最高奖——第里雅斯特科学奖（Trieste Science Prize）等多项科学奖项。2009年、2010年分别被香港浸会大学和英国格拉斯哥大学授予荣誉科学博士学位，2011年5月当选为牛津大学Hertford学院Senior Fellow，2011年11月当选为国际纯粹与应用生物物理联盟（IUPAB）候任主席。

▲ 线粒体膜蛋白复合物Ⅱ的三维精细结构研究课题组成员

与获奖项目相关的最具代表性论文

Cell, Vol. 121, 1043–1057, July 1, 2005, Copyright ©2005 by Elsevier Inc. DOI 10.1016/j.cell.2005.05.025

Crystal Structure of Mitochondrial Respiratory Membrane Protein Complex II

Fei Sun,[1,2] Xia Huo,[2] Yujia Zhai,[1] Aojin Wang,[2] Jianxing Xu,[2] Dan Su,[1] Mark Bartlam,[1,2] and Zihe Rao[1,2,*]
[1]Tsinghua-IBP Joint Research Group for Structural Biology
Tsinghua University
Beijing 100084
China
[2]National Laboratory of Biomacromolecules
Institute of Biophysics (IBP)
Chinese Academy of Sciences
Beijing 100101
China

Summary

The mitochondrial respiratory Complex II or succinate:ubiquinone oxidoreductase (SQR) is an integral membrane protein complex in both the tricarboxylic acid cycle and aerobic respiration. Here we report the first crystal structure of Complex II from porcine heart at 2.4 Å resolution and its complex structure with inhibitors 3-nitropropionate and 2-thenoyltrifluoroacetone (TTFA) at 3.5 Å resolution. Complex II is comprised of two hydrophilic proteins, flavoprotein (Fp) and iron-sulfur protein (Ip), and two transmembrane proteins (CybL and CybS), as well as prosthetic groups required for electron transfer from succinate to ubiquinone. The structure correlates the protein environments around prosthetic groups with their unique midpoint redox potentials. Two ubiquinone binding sites are discussed and elucidated by TTFA binding. The Complex II structure provides a bona fide model for study of the mitochondrial respiratory system and human mitochondrial diseases related to mutations in this complex.

Introduction

Mitochondria are cellular organelles of prokaryotic origin that are found in almost all eukaryotic cells. The mitochondrial respiratory system, consisting of five membrane protein complexes (I to V), produces most of the energy in eukaryotic cells (Saraste, 1999). To date, the structures of Complex III (cytochrome bc_1 complex) (Iwata et al., 1998; Lange and Hunte, 2002; Xia et al., 1997; Zhang et al., 1998), Complex IV (cytochrome c oxidase complex) (Tsukihara et al., 1995; Tsukihara et al., 1996), and Complex V (ATPase) (Abrahams et al., 1994) have been determined. However, no breakthroughs have been made on the structures of complexes I and II.

Mitochondrial Complex II, also known as mitochondrial succinate:ubiquinone oxidoreductase (mitochondrial SQR) (EC 1.3.5.1), is a key membrane complex in the Krebs cycle (tricarboxylic acid cycle) that catalyzes the oxidation of succinate to fumarate in the mitochondrial matrix as succinate dehydrogenase. Succinate oxidation is coupled to reduction of ubiquinone to ubiquinol at the mitochondrial inner membrane as one part of the respiration electron transfer chain (Figure 1). Electrons are transferred from succinate to ubiquinone through the buried prosthetic groups flavin-adenine dinucleotide (FAD); the [2Fe-2S], [4Fe-4S], and [3Fe-4S] clusters; and heme, which form an integral part of the complex (Hagerhall, 1997).

Succinate:ubiquinone oxidoreductase normally consists of a soluble catalytic heterodimer and an integral membrane region. The soluble catalytic heterodimer is made up of subunit A with a covalently bound FAD cofactor and subunit B containing three iron-sulfur clusters: [2Fe-2S], [4Fe-4S], and [3Fe-4S] (Hagerhall, 1997). The integral membrane region anchoring the complex to the inner membrane contains one or two hydrophobic peptides with or without heme groups. Succinate:ubiquinone oxidoreductases can be classified into five types (A–E) according to the number of their hydrophobic subunits and heme groups (Lemos et al., 2002). The mitochondrial SQRs belong to type C and contain one heme molecule and two transmembrane proteins: the large cytochrome b binding protein (CybL or subunit C) and the small cytochrome b binding protein (CybS or subunit D) (Lemos et al., 2002). To date, only the structures of prokaryotic succinate:ubiquinone oxidoreductases (one for type B, one for type D, and one for type C), which share a similar enzymatic function with mitochondrial SQR (Complex II), have been reported (Iverson et al., 1999; Lancaster et al., 1999; Yankovskaya et al., 2003).

Today, important questions remain on the mechanism of ubiquinone reduction by Complex II and the process for ubiquinone transition between Complex II and Complex III. Probing the location and number of ubiquinone reaction sites in mitochondrial Complex II is therefore essential to address the above questions. In the absence of a reliable three-dimensional structure of mitochondrial SQR (Complex II), researchers often used prokaryotic SQR and quinone:fumarate reductase (QFR) structures (Iverson et al., 1999; Lancaster et al., 1999; Yankovskaya et al., 2003) as models to investigate the ubiquinone binding sites. However, questions still remain for two reasons. First, the sequence homology of the integral membrane anchors between mitochondrial SQR (Complex II) and prokaryotic SQR is less than 20% (Figures 2A and 2B), indicating that the hydrophobic domains undergo unique evolutionary pressure imposed by different functions. Secondly, ubiquinone analog inhibitors such as 2-thenoyltrifluoroacetone (TTFA) and carboxanilide (carboxin), which are vital for studying mitochondrial Complex II quinone-reduction activity and its Q pool, only weakly inhibit their bacterial counterparts (Maklashina and Cecchini, 1999; Yankovskaya et al., 1996). This observation strongly suggests that mitochondrial Complex II has ubiquinone binding pockets (conformations and/or positions) different from those of its prokaryotic counterparts.

*Correspondence: raozh@xtal.tsinghua.edu.cn

2006 年度陈嘉庚地球科学奖

获奖项目

太阳风的形成机制

摘要

太阳风的形成机制是空间物理学中十分重要的基础研究问题。该项目发现了太阳风中存在湍流串级过程，发现了太阳风加热的能源来自湍流串级能量，原创性地建立了描述太阳风湍流传输特性的“类WKB湍流理论”。这一理论自洽地描述了太阳风湍流现象具有的线性波动特性和非线性湍流特性，以及太阳风加热现象；同时还发现了太阳风流动起源于极冕洞磁漏斗结构中光球层上方5000～20000公里的高度范围，进而提出了组成太阳风的等离子体是来自位于磁漏斗结构旁侧的中尺度日冕圈的新观点，从而突破了此前学术界流行的太阳风起源于一维流管的概念。该项目的研究为太阳风起源和形成机制的研究开辟了新的道路，也对宇宙中广泛存在的星际风本质的认识具有启发意义。涂传诒对太阳风湍流的成果综合在专著（Tu C.-Y.,E. Marsch, MHD Structures, Waves and Turbulence in the Soler Wind, 1995）中，该书和评论文章已被SCI文章引用407次（Google检索被引用539次），涂传诒关于太阳风起源的成果发表在SCIENCE（ARTICAL）中（Tu C.-Y., et al., Solar wind origin in coronal funnels. SCIENCE，308, 519～523, 2005），该文已被SCI引用121次。

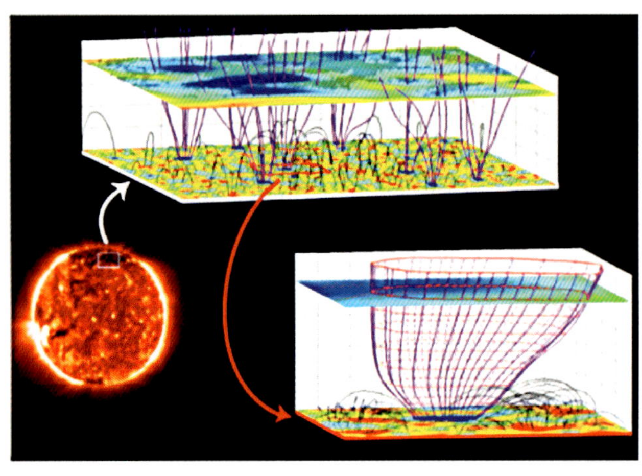

◂结合SOHO飞船上搭载的EIT、SUMER和MDI仪器观测到的太阳日冕谱线的辐射情况（左下），太阳极区冕洞区域的开放或闭合的磁场结构及太阳风标识物的流动分布（中上），太阳极区冕洞区域的开放的漏斗状磁场结构（右下）。本图为欧洲空间局(ESA)新闻网站就涂传诒等在SCIENCE上发表的研究论文所配发的新闻图片

获奖人

涂传诒

1940年生于北京，1964年毕业于北京大学，现任北京大学地球与空间科学学院教授。2001年当选为中国科学院院士，2006年当选为第三世界科学院院士。主要研究方向为太阳大气与日球层物理学。截至2013年3月，共发表研究论文137篇，出版专著1部，编著学术书籍1部。根据WOK检索，86篇论文被SCI引用2958次，其中第一作者论文26篇（包括在SCIENCE 上发表1篇ARTICLE 文章）被SCI引用1757次，单篇最高被引次数为407次，H因子29。作为唯一获奖人，先后两次获得国家自然科学二等奖（1989年和2001年），获得国际科联空间研究委员会(COSPAR)颁发的Vikramsarabhai奖章（1992年），获得首届王丹萍科学奖（1992年），获得何梁何利科学与技术进步奖（2002年），获得第四届北京市教学名师奖（2008年），获全国优秀博士论文导师（2010年）和北京市优博指导教师（2011年）。

▸ 北大才斋堂讲座

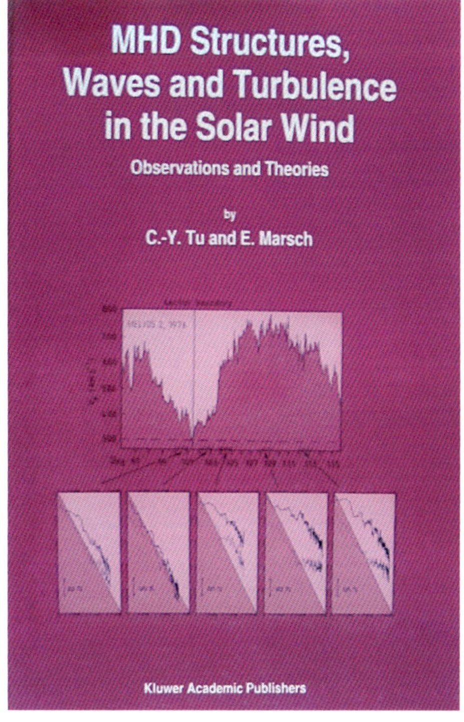

◂ 图为涂传诒与Marsch合著的以自己成果为主的综述文章的精装图书(Space Science Reviews, vol. 73, p.1～210, 1995)。该评论文章和精装图书被SCI引用407次

Solar Wind Origin in Coronal Funnels

Chuan-Yi Tu,[1,3*] Cheng Zhou,[2] Eckart Marsch,[3] Li-Dong Xia,[4] Liang Zhao,[1] Jing-Xiu Wang,[5] Klaus Wilhelm[3]

The origin of the solar wind in solar coronal holes has long been unclear. We establish that the solar wind starts flowing out of the corona at heights above the photosphere between 5 megameters and 20 megameters in magnetic funnels. This result is obtained by a correlation of the Doppler-velocity and radiance maps of spectral lines emitted by various ions with the force-free magnetic field as extrapolated from photospheric magnetograms to different altitudes. Specifically, we find that Ne^{7+} ions mostly radiate around 20 megameters, where they have outflow speeds of about 10 kilometers per second, whereas C^{3+} ions with no average flow speed mainly radiate around 5 megameters. Based on these results, a model for understanding the solar wind origin is suggested.

The solar wind has been an essential topic in space physics ever since 1951 when it was inferred from cometary observations (*1*) and predicted from coronal models (*2*). Its properties were then analyzed through in situ observations (*3*, *4*). However, even after five decades of spacecraft exploration and theoretical modeling, the exact source of the solar wind in the solar atmosphere remains a mystery.

In the 1960s and 1970s, the "coronal base" (*5*–*10*) was assumed to be the inner boundary of the solar wind, yet its location and properties remained poorly defined. Considering that heating of the corona and acceleration of the solar wind are closely related, the models were extended throughout the solar transition region (TR) down to the chromosphere (*11*–*13*). It was suggested that the place where hydrogen becomes ionized might be considered as the inner boundary (*14*). In the past decade, models were developed with the assumption that the solar wind is created in coronal funnels (*15*–*18*), which are magnetic structures expanding into the corona with a narrow neck in the photosphere (*19*, *20*).

For observations and diagnostics of the solar wind source, the spectrometer SUMER (Solar Ultraviolet Measurements of Emitted Radiation) on SOHO (Solar and Heliospheric Observatory) provides a variety of spectral lines emitted in the chromosphere, transition region, or corona (*21*, *22*). However, solar disk observations resolved only two-dimensional (2-D) structures seen in planar projection and provided no height information along the line of sight (LOS). Hassler *et al.* (*23*) and Wilhelm *et al.* (*24*) identified the source regions of the fast solar wind by means of radiance and Doppler-shift maps in the polar coronal hole (CH), and Xia *et al.* (*25*, *26*) in equatorial CHs. The key tool for detecting outflow was the Doppler blueshift (indicating negative LOS velocities of the plasma away from the solar surface) of the emission line of Ne^{7+} at 77 nm. In these studies, the Ne VIII emission was compared with the Si II radiance in projected 2-D maps. However, the altitude of the emission regions remained unclear, as did the location where the solar wind acceleration actually starts.

Limb observations can reveal the height variation of the emission, but even then different structures are mixed together along the LOS. Moreover, they are perpendicular to the radial direction and therefore do not allow one to study radial outflow with the help of line-shift measurements. Although the coronal magnetic field cannot be measured directly, it can be constructed by various extrapolation methods (*27*) and so may provide some height information.

Only recently have magnetic fields, measured as photospheric magnetograms by MDI (Michelson Doppler Imager) (*28*) or Earth-based solar observatories, been used to determine the 3-D coronal field at low altitudes and spatial scales down to 1 Mm. The fields in active regions (AR) and CHs were constructed by force-free extrapolation from MDI data (*29*). The extrapolation technique is applied in a finite rectangular segment of the solar atmosphere and provides the coronal magnetic field $\mathbf{B}(x, y, z)$, with Cartesian components B_x, B_y, and B_z, where z is the vertical component, and x and y are the horizontal components, of the radial distance vector $\mathbf{r}$.

The model field has not yet been correlated at various heights with the ultraviolet emission patterns, especially in CHs where no bright loops occur. Such correlations are presented here to answer two important questions: At which height in CHs is the coronal base located, and where in coronal funnels does the solar wind flow start? We obtain the formation heights of spectral lines from a correlation of their radiances and Doppler maps with the extrapolated magnetic field and find that the acceleration starts between 5 Mm and 20 Mm above the photosphere and that speeds of about 10 km/s may be reached at 20 Mm.

Therefore, the inner boundary of the solar wind is neither at the old coronal base nor at the top of the chromosphere but should be defined as the point in the funnel where downflow changes into outflow, implying also sideflows consistent with supergranular convection. These results contrast with conventional (1-D) solar wind models (*30*), in which plasma starts flowing from about 2 Mm, whereby it is assumed that mass, momentum, and energy are conserved along the magnetic flux tube linking the upper chromosphere with the lower corona. The results obtained here shed new light on the magnetic structure and location of the solar wind source.

Correlations between radiation and magnetic field. We use data from the emission lines Si II (153.3 nm), C IV (154.8 nm), and Ne VIII (77.0 nm) measured by SUMER. These ultraviolet lines are emitted by the following ions: (i) Si^{+}, formed at an electron temperature of about 2×10^4 K in the chromosphere; (ii) C^{3+}, formed at 1×10^5 K in the TR, and (iii) Ne^{7+}, formed at 6×10^5 K in the lower corona. The observations were made in the polar CH on 21 September 1996 from 00:15 to 07:30 UTC. The region studied is shown in Fig. 1A as a large rectangle superimposed on the Fe XII image of EIT (Extreme-Ultraviolet Imaging Telescope) (*31*). To compare the magnetic field with the SUMER images, we used the MDI magnetograms for the field extrapolation over an area of 384″ by 231″, which is a little bigger than the small rectangle (of size 311″ by 201‴) in Fig. 1A. For details on data analysis, see (*32*).

Figure 1B shows a map of B_z, which is obtained by correcting the MDI data for the LOS effect, that is, by dividing through by $\cos 55° = 0.57$, appropriate for the average latitude. Figure 1, C to E, shows the Si II and C IV radiances and Ne VIII Doppler shift. Hassler *et al.* (*23*) found a relation between the Ne VIII Doppler shift and the chromospheric network, as inferred by visual inspection of the Si II radiance patterns, in the sense that the strongest outflow was observed near network lanes and their intersections. How-

[1]Department of Geophysics, Peking University, Beijing 100871, China. [2]Department of Atmospheric Sciences, Peking University, Beijing 100871, China. [3]Max-Planck-Institut für Sonnensystemforschung, 37191 Katlenburg-Lindau, Germany. [4]School of Earth and Space Sciences, University of Science and Technology of China, Hefei, Anhui 230026, China. [5]National Astronomical Observatories, Chinese Academy of Sciences, Beijing 100012, China.

*To whom correspondence should be addressed. E-mail: cytu@public3.bta.net.cn

2006 年度陈嘉庚信息技术科学奖

获奖项目

国际通用Hash函数的破解

摘要

Hash函数研究是当今密码学研究的核心内容之一。该项目提出一套全新原创性的针对Hash函数算法碰撞攻击的分析理论与技术。该理论体系主要包含快速寻找破解路线的比特追踪法、提高明文碰撞路线的明文修改技术、多个明文分组组合形成碰撞技术、将不可能差分转化成可能差分技术和MD4的第二原根攻击思想等。利用该理论体系，破解了多数Hash函数算法，其中包含最为广泛使用的两大算法MD5与SHA-1。

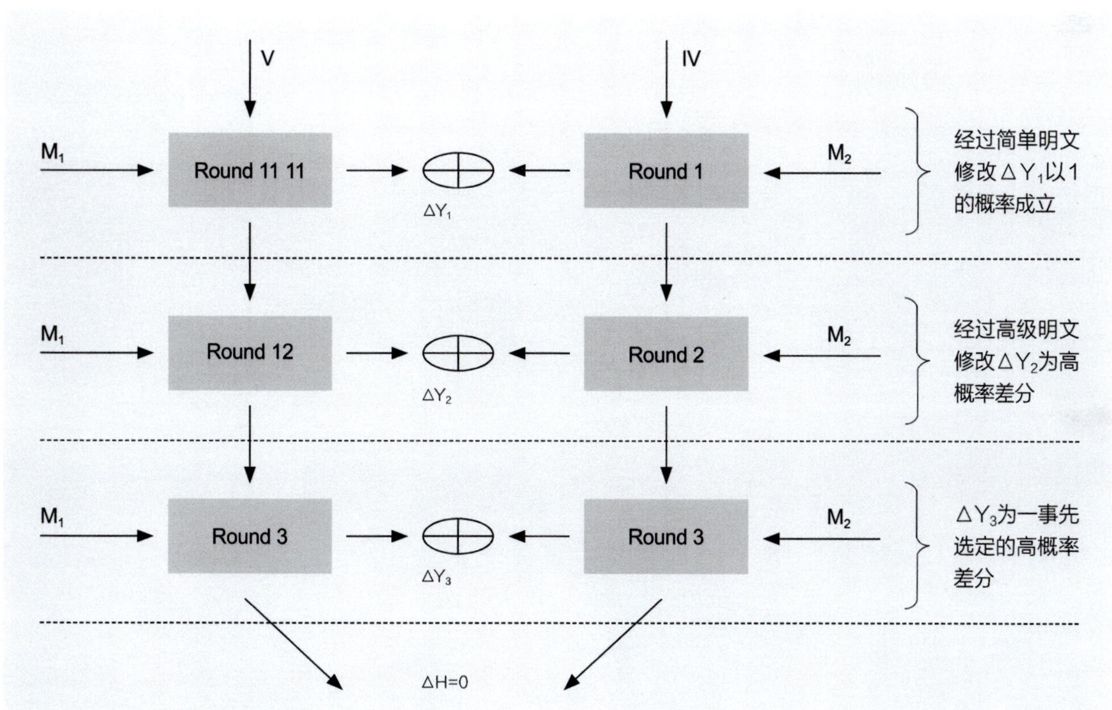

▲ 三轮Hash函数的碰撞路线示意图

获奖人

王小云

女，1966年生于山东诸城，中国致公党党员。1993年获山东大学博士学位，毕业后留校任教。2005年被聘为清华大学杨振宁讲座教授，2006年获国家杰出青年基金、教育部长江学者特聘教授，2011年至今担任中国密码学会副理事长。

从事密码理论与密码数学问题研究。给出了国际通用Hash函数算法MD5与SHA-1等的碰撞攻击及多个消息认证码的新型碰撞攻击。主持设计了Hash函数算法SM3，被采纳为国家行业标准。代表性论文30余篇，3篇论文获国际顶级密码会议CRYPTO、EUROCRYPT最佳论文，其中MD5破解的论文获2008年汤姆森路透卓越研究奖（中国）。

2010年获苏步青应用数学奖、密码科技进步一等奖（省部级，排名第一）；2008年获国家自然科学二等奖（排名第一）；2006年获教育部高等学校科学技术奖自然科学一等奖（排名第一）、求是杰出科学家奖、中国青年女科学家奖等。

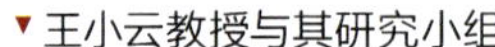

▼图灵奖得主Adi Shamir教授来访并与王小云教授进行学术交流

▼王小云教授在校园漫步

▼王小云教授与其研究小组

与获奖项目相关的最具代表性论文

How to Break MD5 and Other Hash Functions

Xiaoyun Wang and Hongbo Yu

Shandong University, Jinan 250100, China
xywang@sdu.edu.cn
yhb@mail.sdu.edu.cn

Abstract. MD5 is one of the most widely used cryptographic hash functions nowadays. It was designed in 1992 as an improvement of MD4, and its security was widely studied since then by several authors. The best known result so far was a semi free-start collision, in which the initial value of the hash function is replaced by a non-standard value, which is the result of the attack. In this paper we present a new powerful attack on MD5 which allows us to find collisions efficiently. We used this attack to find collisions of MD5 in about 15 minutes up to an hour computation time. The attack is a differential attack, which unlike most differential attacks, does not use the exclusive-or as a measure of difference, but instead uses modular integer subtraction as the measure. We call this kind of differential a *modular differential*. An application of this attack to MD4 can find a collision in less than a fraction of a second. This attack is also applicable to other hash functions, such as RIPEMD and HAVAL.

1 Introduction

People know that digital signatures are very important in information security. The security of digital signatures depends on the cryptographic strength of the underlying hash functions. Hash functions also have many other applications in cryptography such as data integrity, group signature, e-cash and many other cryptographic protocols. The use of hash functions in these applications not only ensure the security, but also greatly improve the efficiency. Nowadays, there are two widely used hash functions – MD5 [18] and SHA-1 [12].

MD5 is a hash function designed by Ron Rivest as a strengthened version of MD4 [17]. Since its publication, some weaknesses has been found. In 1993, B. den Boer and A. Bosselaers [3] found a kind of pseudo-collision for MD5 which consists of the same message with two different sets of initial values. This attack discloses the weak avalanche in the most significant bit for all the chaining variables in MD5. In the rump session of Eurocrypt'96, H. Dobbertin [8] presented a semi free-start collision which consists of two different 512-bit messages with a chosen initial value IV_0'.

$$a_0 = \texttt{0x12ac2375},\ b_0 = \texttt{0x3b341042},\ c_0 = \texttt{0x5f62b97c},\ d_0 = \texttt{0x4ba763ed}$$

A general description of this attack was published in [9].

R. Cramer (Ed.): EUROCRYPT 2005, LNCS 3494, pp. 19–35, 2005.

2008年度陈嘉庚科学奖获奖项目及获奖人

2008年度陈嘉庚科学奖推荐工作于2007年3月1日正式启动，基金会办公室向推荐专家发送《关于推荐2008年度陈嘉庚科学奖候选奖项的通知》共计2105份。截至2007年7月10日，基金会办公室共收到推荐项目40项，被推荐人45位。

2007年8月29日，第二届陈嘉庚科学奖评奖委员会主任联席会议在北京召开，通报了2008年度陈嘉庚科学奖推荐奖项情况，并围绕如何做好陈嘉庚科学奖的评奖工作进行了讨论，研究了评奖工作中的相关具体情况。2007年9月7～24日，6个评奖委员会的有效候选奖项评审会议先后召开。各评奖委员会对推荐的项目展开认真、充分的讨论，投票产生了6个奖项的15个有效候选奖项（数理科学奖2项、化学科学奖2项、生命科学奖3项、地球科学奖2项、信息技术科学奖1项、技术科学奖5项）。随后，基金会办公室向184位国内外同行评审专家发送了评审材料。根据同行专家评审意见，产生11个初步候选奖项（数理科学奖2项、化学科学奖1项、生命科学奖3项、地球科学奖1项、信息技术科学奖1项、技术科学奖3项）。2008年2月1～26日，各评奖委员会分别召开2008年度陈嘉庚科学奖初步候选奖项评审会议，投票产生了7个正式候选奖项（数理科学奖2项、化学科学奖1项、生命科学奖2项、地球科学奖1项、技术科学奖1项）。2008年2～4月，各学部常委会对正式候选奖项进行审议，产生7个建议获奖项目（数理科学奖2项、化学科学奖1项、生命科学奖2项、地球科学奖1项、技术科学奖1项）。

2008年5月7日基金会第一届理事会第五次会议对7个建议获奖项目进行了认真讨论，并进行投票表决。根据有关规定，少数不能出席会议的理事，以通信方式进行了投票，投票结果现场拆封。根据投票结果，2008年度陈嘉庚科学奖获奖项目共3个：数理科学奖获奖项目“倒向随机微分方程，非线性数学期望与金融数学”，获奖科学家为山东大学彭实戈教授；化学科学奖获奖项目“表面吸附单分子的高分辨表征与选控”，获奖科学家为中国科学技术大学侯建国教授；地球科学奖获奖项目“东亚环境变迁的季风控制学说”，获奖科学家为中国科学院地球环境研究所安芷生研究员。

通过此次评奖工作，陈嘉庚科学奖的定位和标准得到进一步明确。2008年11月6日召开的第二届理事会第一次会议明确了陈嘉庚科学奖重点奖励我国本土科学家，候选项目主要工作或工作创新点应在中国境内完成。另外，对评奖过程中遇到的一些具体问题也进行了明确：凡连续 2次推荐未获奖的候选项目，停止1次评审；陈嘉庚科学奖是独立的奖项，候选项目是否获得国家奖励仅作为参考。若候选项目正在申报国家奖励，需在推荐书中予以注明；若候选项目曾获国家奖励，则重点介绍该候选奖项获奖以后新的发现、重要的突破或发现其新的科学意义。并据此对《陈嘉庚科学奖奖励条例》和《陈嘉庚科学奖奖励条例实施细则》进行了修订。为了激发广大科研人员参与推荐和评审项目的积极性，提高推荐项目的数量和质量，理事会还决定2010年度陈嘉庚科学奖的推荐通知将附上理事长的签名邀请信。

2008 年度陈嘉庚数理科学奖

获奖人

彭实戈

数学家，1947年12月8日出生于山东滨县(今滨州)。1974年山东大学物理系毕业，1984年获巴黎九大三阶段博士，1986年获法国普鲁旺斯大学(应用数学)博士，1988～1989年获复旦大学博士后，1992年获法国领导研究资格。中国科学院院士，山东大学教授。现任山东大学高等研究院院长，山东大学“泰山学堂”院长，并被普林斯顿大学聘为全球学者（Global Scholar）。

主要从事随机控制理论、概率论、随机分析、金融数学方面的研究和教学工作。以彭实戈为第一负责人的国家自然科学基金委“九五”重大项目“金融数学、金融工程和金融管理”有力地推动了“金融数学”这门新兴学科在中国的发展。

2010年国际数学家大会上彭实戈院士应邀作1小时大会报告，而这被认为是给予数学家的最高荣誉之一，他是第一位获此殊荣的中国内地全职数学家。

获奖项目

倒向随机微分方程，非线性数学期望与金融数学

摘要

彭实戈和Pardoux合作于1990年发表的文章被认为是倒向随机微分方程理论的奠基性成果，获得了非线性Feynman-Kac公式，即一大类二阶非线性偏微分方程的解的Brown运动路径表示。获得最优控制的一般随机最大值原理，被认为是该领域“最近20年来两个主要进展”之一。建立了非线性期望-g-期望理论并获得与经典著名结果相应的g-上鞅分解定理。建立了G-Brown运动的理论基础，并将上述成果应用于研究动态金融产品定价和风险度量。

▸彭实戈教授参加央视《大家访谈》节目

▸2010年国际数学家大会报告之后，国际著名数学家Varadahn（Abel奖获得者）向彭实戈院士赠送礼物

▾爬济南千佛山

▾彭实戈教授与法国特级教授El Karoui讨论

论文1首页（与获奖项目相关的最早发表论文）

Systems & Control Letters 14 (1990) 55–61
North-Holland

Adapted solution of a backward stochastic differential equation

E. PARDOUX

Mathématiques, URA 225, Université de Provence, 13331 Marseille 3, and INRIA, France

S.G. PENG

Institute of Mathematics, Shandong University, Jinan and Institute of Mathematics, Fudan University, Shanghai, China

Received 24 July 1989
Revised 10 October 1989

Abstract: Let $\{W_t;\ t\in[0,1]\}$ be a standard k-dimensional Wiener process defined on a probability space $(\Omega, \mathcal{F}, P)$, and let $\{\mathcal{F}_t\}$ denote its natural filtration. Given a $\mathcal{F}_1$ measurable d-dimensional random vector X, we look for an *adapted* pair of processes $\{x(t), y(t);\ t\in[0,1]\}$ with values in $\mathbb{R}^d$ and $\mathbb{R}^{d\times k}$ respectively, which solves an equation of the form:

$$x(t)+\int_t^1 f(s, x(s), y(s))\,\mathrm{d}s+\int_t^1[g(s, x(s))+y(s)]\,\mathrm{d}W_s=X.$$

A linearized version of that equation appears in stochastic control theory as the equation satisfied by the adjoint process. We also generalize our results to the following equation:

$$x(t)+\int_t^1 f(s, x(s), y(s))\,\mathrm{d}s+\int_t^1 g(s, x(s), y(s))\,\mathrm{d}W_s=X$$

under rather restrictive assumptions on g.

Keywords and phrases: Backward stochastic differential equation; adapted process.

1. Introduction

The equation for the adjoint process in optimal stochastic control (see Bensoussan [1], Bismut [2], Haussmann [4], Kushner [6]) is a linear version of the following equation:

$$x(t)+\int_t^1 f(s, x(s), y(s))\,\mathrm{d}s+\int_t^1[g(s, x(s))+y(s)]\,\mathrm{d}W(s)=X \tag{1.1}$$

where $\{W(t),\ t\in[0,1]\}$ is a standard k-dimensional Wiener process defined on $(\Omega, \mathcal{F}, P)$, $\{\mathcal{F}_t,\ t\in[0,1]\}$ is its natural filtration (i.e. $\mathcal{F}_t=\sigma(W(s), 0\leqslant s\leqslant t)$), X is a given $\mathcal{F}_1$ measurable d-dimensional random vector, and f maps $\Omega\times[0,1]\times\mathbb{R}^d\times\mathbb{R}^{d\times k}$ into $\mathbb{R}^d$. f is assumed to be $\mathcal{P}\otimes\mathcal{B}_d\otimes\mathcal{B}_{d\times k}/\mathcal{B}_d$ measurable, where $\mathcal{P}$ denotes the σ-algebra of $\mathcal{F}_t$-progressively measurable subsets of $\Omega\times[0,1]$. We assume moreover that f is uniformly Lipschitz with respect to both x and y. We are looking for a pair $\{x(t), y(t);\ t\in[0,1]\}$ with values in $\mathbb{R}^d\times\mathbb{R}^{d\times k}$ which we require to be $\{\mathcal{F}_t\}$ adapted. Note that it is the freedom of choosing the process $\{y(t)\}$ which will allow us to find an adapted solution. Indeed, in case $y\equiv0$ and X is deterministic, the above equation would have a unique $\mathcal{F}^t$-adapted solution $\{x(t)\}$, where $\mathcal{F}^t=\sigma(W(s)-W(t);\ t\leqslant s\leqslant1)$. Note also that the following relation exists between $\{x(t)\}$, $\{y(t)\}$ and $\{W(t)\}$:

$$y(t)=\frac{\mathrm{d}}{\mathrm{d}t}\langle x, W\rangle_t-g(t, x(t)),\quad t\text{ a.e.}$$

where $\langle x, W\rangle_t$ denotes the joint quadratic variation process between x and W.

0167-6911/90/$3.50 © 1990, Elsevier Science Publishers B.V. (North-Holland)

论文2首页（与获奖项目相关的最具代表性论文）

Probab. Theory Relat. Fields. 113, 473–499 (1999)

Probability Theory and Related Fields

Monotonic limit theorem of BSDE and nonlinear decomposition theorem of Doob–Meyer's type*

Shige Peng

Department of Mathematics, Shandong University, Jinan, 250100, P. R. China.
e-mail: peng@public.jn.sd.cn and peng@sdu.edu.cn

Received: 3 June 1997/ Revised version: 18 January 1998

Abstract. We have obtained the following limit theorem: if a sequence of RCLL supersolutions of a backward stochastic differential equations (BSDE) converges monotonically up to (y_t) with $\mathbf{E}[\sup_t |y_t|^2] < \infty$, then (y_t) itself is a RCLL supersolution of the same BSDE (Theorem 2.4 and 3.6).

We apply this result to the following two problems: 1) nonlinear Doob–Meyer Decomposition Theorem. 2) the smallest supersolution of a BSDE with constraints on the solution (y, z). The constraints may be non convex with respect to (y, z) and may be only measurable with respect to the time variable t. this result may be applied to the pricing of hedging contingent claims with constrained portfolios and/or wealth processes.

Mathematics Subject Classification (1991): 60H99, 60H30

Introduction

Consider a backward stochastic differential equation (BSDE) of type (all processes mentioned below are $\sigma\{W_s; s \le t\}$ -adapted, where W is a fixed Brownian motion)

$$y_t = y_T + \int_t^T g(y_s, z_s)\, ds + (A_T - A_t) - \int_t^T z_s\, dW_s, \quad t \in [0, T]\ , \ (1)$$

* This work was partially supported by the NSF of China, Program No. 79790130

2008 年度陈嘉庚化学科学奖

获奖项目

表面吸附单分子的高分辨表征与选控

摘要

紧密结合实验和理论方法，在表面吸附单分子体系的结构与电子态表征及控制等研究方向上取得了系统和突出的进展。通过高分辨成像技术与局域密度泛函理论模拟相结合，建立了确认单分子吸附取向及相关电子态特征的方法，为进一步设计与制备纳米材料和单分子器件提供了表征基础。通过有目的地改变分子吸附结构和局域选键化学反应，调控单分子的电子态和电子输运等物理性质。特别是，在国际上第一次实现了对磁性分子自旋态的控制，将针对单分子的调控能力提高到了新的层次。

▲吸附在硅表面的C_{60}单分子高分辨STM图像

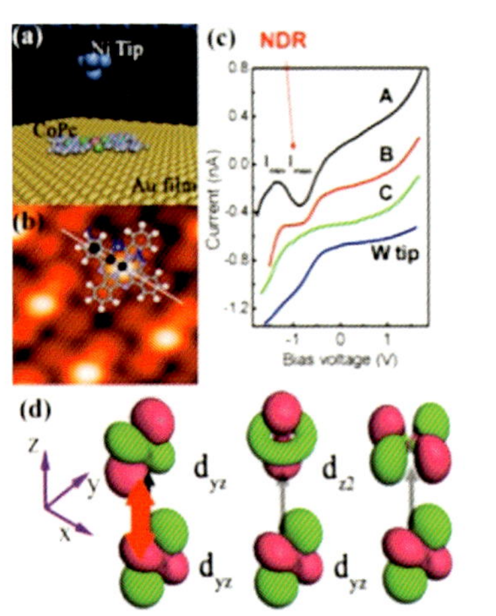

▲利用Ni针尖的d轨道与Au表面CoPC分子中Co离子的d轨道之间的波函数空间对称性匹配关系构造负微分电阻分子器件

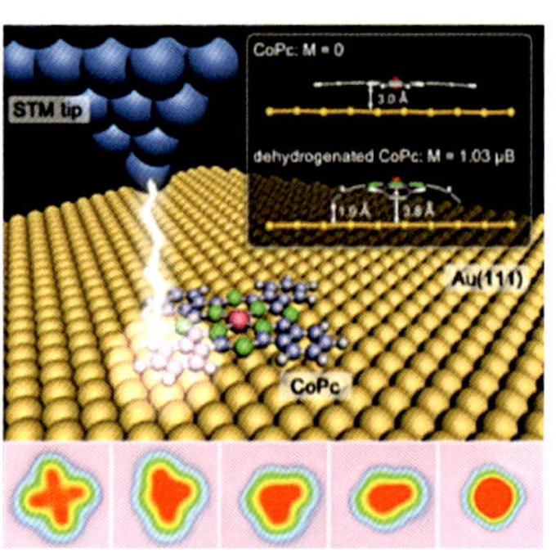

▲通过STM针尖对Au表面的CoPC分子进行“分子手术”以调控其吸附态和磁性;下方为“分子手术”各个阶段的STM图像

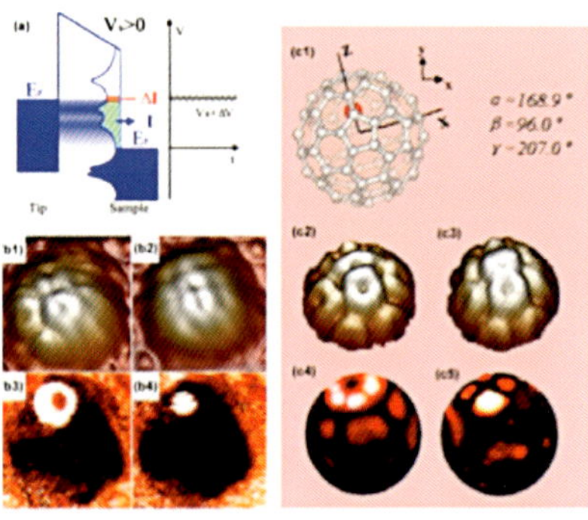

▲分辨单个分子轨道的dI/dV能量层析技术(a);$C_{59}N$分子在两种偏压下的STM图像(b1和b2)和相应的能量层析图像(b3和b4),以及理论模拟的分子取向(c1)和对应图像(c2～c4)

获奖人

侯建国

物理化学家，1959年10月出生于福建福清。1989年获中国科学技术大学博士学位。2003年当选中国科学院院士，2004年当选第三世界科学院院士，现任中国科学技术大学校长。

主要从事纳米材料与结构、单分子物理与化学、扫描隧道显微学研究，在纳米结构、单分子高分辨表征与控制领域取得了一系列重要研究成果，在Nature、Science等国际期刊上发表学术论文200多篇，有3项研究成果分别入选1999年度中国基础科学研究十大新闻、2001年度和2005年度中国十大科技进展新闻。曾获国家自然科学二等奖、中国科学院自然科学一等奖、香港求是科学基金会杰出青年学者奖、海外华人物理学会亚洲成就奖、何梁何利科学与技术进步奖等多项奖励。

▲英国伯明翰大学校长David Eastwood授予侯建国校长荣誉博士学位（2010年10月11日）

▲侯建国与研究人员讨论

论文1首页（与获奖项目相关的最早发表论文）

VOLUME 83, NUMBER 15 PHYSICAL REVIEW LETTERS 11 OCTOBER 1999

Identifying Molecular Orientation of Individual C_{60} on a Si(111)-(7 × 7) Surface

J. G. Hou,[1,2] Yang Jinlong,[1,2] Wang Haiqian,[1] Li Qunxiang,[2] Zeng Changgan,[1] Lin Hai,[2] Bing Wang,[1] D. M. Chen,[1] and Zhu Qingshi[2]

[1]*Structure Research Laboratory, University of Science and Technology of China, Hefei 230026, People's Republic of China*
[2]*Open Laboratory of Bond Selective Chemistry, University of Science and Technology of China, Hefei 230026, People's Republic of China*

(Received 21 April 1999)

Low temperature scanning tunneling microscopy (STM) has been used to identify the molecular orientation of individual C_{60} on Si(111)-(7 × 7) surfaces. The STM images of individual C_{60} reveal clear and rich intramolecular features that are site and bias dependent. Theoretical simulations, using the local density approximation method with cluster models, uniquely reproduce the observed STM images and hence allow the unambiguous identification of the binding configurations of the adsorbed fullerenes with respect to the Si substrate.

PACS numbers: 82.65.My, 61.16.Ch, 61.48.+c, 71.15.Mb

Chemically stable, cage-structured molecules such as fullerenes form an interesting new family of adsorbates on surfaces. They differ significantly from the elemental or simple molecular adsorbates because of their three-dimensional character on the atomic scale. A unique fundamental property of this type of adsorbates is the molecular orientation with respect to the host substrate. When an isolated molecule ceases its rotational motion on a surface, it may, in general, adopt a number of binding configurations and hence a multitude of orientations. Interaction between the molecules could yield still other orientational arrangements. This new property could serve as the basis for designing new catalysts with functionalized cage molecules or for fabricating thin films of desirable orientational orders. Thus, to understand how a cage molecule orients itself on a substrate is obviously a worthy but challenging task both theoretically and experimentally.

Owing to its elegant cage structure comprised of 12 pentagons and 20 hexagons, the C_{60} molecule has attracted considerable interest since its discovery [1,2], and many attempts have been made to unveil its internal cage structure with scanning tunneling microscopy (STM) [3–6]. It was hoped that STM may directly image the individual C_{60} molecules, so that the orientation of C_{60} molecules on a specific adsorption site of the supporting substrate could be determined. So far, only a few authors reported STM images of C_{60} that reveal some intramolecular features but could not be directly correlated with the cage structures. For example, STM images with four slightly curved bright stripes were typically obtained for C_{60} adsorbed on the Si(111) and Si(100) surfaces [3,4,7], regardless of their different surface atom arrangements and binding configurations. Even on a Au(110) surface, C_{60} also appears as 2–3 bright stripes in the STM image [5]. Threefold symmetric intramolecular features were first observed for a close-packed C_{60} layer on a Cu(111) surface [6] and were shown to be caused by the charge transfer from Cu to C_{60}. Curiously, a similar image was also obtained for C_{60} observed on a Ge(111) surface [8]. Apart from showing that the adsorbed C_{60} molecules have fixed orientation on the surfaces, these experiments have left the challenge to identify the specific molecular orientation largely unanswered.

In this Letter, we show that the molecular orientation of the adsorbed fullerenes with respect to a Si(111)-(7 × 7) surface can be determined unambiguously by combining low temperature STM experiments with local density approximation (LDA) calculations.

The experiments were conducted in an ultrahigh-vacuum chamber with a base pressure of 3×10^{-11} Torr. The clean Si(111)-(7 × 7) surface was prepared by degassing the sample at 650 °C overnight, heating it to 1200 °C, rapidly cooling it to 900 °C, and then slowly cooling it to room temperature. This procedure results in a reconstructed Si(111)-(7 × 7) surface with a low defect density. Pure (99.9%) C_{60} powder was outgassed at 300 °C for more than 24 h before evaporation. Submonolayer C_{60} was deposited on the sample surface via sublimation from a Knudsen cell with a flux monitor. All STM measurements were performed at 78 K using an OMICRON cryostat GmbH STM with W tips that were subject to careful cleaning treatment.

Figure 1(a) shows a typical large scale STM image of 0.05 monolayer C_{60} adsorbed on a Si(111)-(7 × 7) surface. Figure 1(b) is a higher resolution image showing the internal patterns of four C_{60} molecules. Four possible adsorption sites have been observed and are depicted in Fig. 1(c). We have counted over 500 adsorption sites and found a similar statistical distribution as the one reported previously [4]. Note that the four C_{60} molecules in Fig. 1(b) are either at adsorption site A or at its equivalent, and their internal patterns are essentially the same, indicating a unique orientation for all four molecules.

The internal pattern of the C_{60} depends strongly on the bias voltage and the tip-sample distance. Our STM images have revealed rich intramolecular features for sites A, A', and B, but not for site C. Figure 2 shows

0031-9007/99/83(15)/3001(4)$15.00

论文2首页（与获奖项目相关的最具代表性论文）

REPORTS

Controlling the Kondo Effect of an Adsorbed Magnetic Ion Through Its Chemical Bonding

Aidi Zhao, Qunxiang Li, Lan Chen, Hongjun Xiang, Weihua Wang, Shuan Pan, Bing Wang, Xudong Xiao, Jinlong Yang,* J. G. Hou,* Qingshi Zhu

We report that the Kondo effect exerted by a magnetic ion depends on its chemical environment. A cobalt phthalocyanine molecule adsorbed on an Au(111) surface exhibited no Kondo effect. Cutting away eight hydrogen atoms from the molecule with voltage pulses from a scanning tunneling microscope tip allowed the four orbitals of this molecule to chemically bond to the gold substrate. The localized spin was recovered in this artificial molecular structure, and a clear Kondo resonance was observed near the Fermi surface. We attribute the high Kondo temperature (more than 200 kelvin) to the small on-site Coulomb repulsion and the large half-width of the hybridized d-level.

The Kondo effect arises from the coupling between localized spins and conduction electrons, and at sufficiently low temperatures, it can lead to change in the transport properties through scattering or resonance effects (*1*). The Kondo effect is often studied in systems where spins are permanently introduced into the sample through magnetic ions, and recently the Kondo effect has been controlled in quantum dot systems by changing their charging and hence the spin state of the dots (*2–13*).

We show here that the Kondo effect arising from magnetic ions on the surface of a nonmagnetic conductor can be controlled by changing their chemical environment. In particular, we show that Co ions, when adsorbed on a gold surface as cobalt phthalocyanine (CoPc), do not interact strongly with conduction electrons and exhibit no Kondo effect. However, after dehydrogenation of the ligand by voltage pulses from a scanning tunneling microscope (STM) tip, the Kondo effect is recovered.

Single CoPc molecules adsorbed on the terraces of an Au(111) surface exhibit a protruding four-lobed structure that is consistent with the molecular symmetry (Fig. 1, A and D) (*14*). Dehydrogenation of a CoPc molecule was realized with a local high-voltage pulse from the STM tip in a manner similar to the case of benzene on copper surfaces (*15*, *16*). We initially used a constant current mode with relatively low bias voltage and tunneling current (typically voltage $|V| < 2$ V and current $I < 0.5$ nA) to image isolated CoPc molecules. We then placed the STM tip directly over the edge of a lobe, temporarily suspended the feedback loop, and applied a positive high-voltage pulse (Fig. 1B). A typical current trace simultaneously measured during the application of a 3.6-V pulse on one of the four lobes of a CoPc molecule (Fig. 1C) shows two sudden drops in the current signal, indicating the sequential dissociation of the two H atoms from the benzene ring. We found the dehydrogenation threshold voltage to be in the range of 3.3 to 3.5 V, depending on the structure of the tip apex.

Topographic images of the dehydrogenation product show that the bright lobes disappear sequentially (Fig. 1, E to H). The apparent height of the molecular center (the Co ion) initially increases slightly (by ~0.15 Å), while the intact CoPc (Fig. 1D) is converted to a three-lobes-dehydrogenated CoPc (Fig. 1G). After the last step, when all four lobes were cut to obtain the final dehydrogenated CoPc (d-CoPc) molecule (Fig. 1H), a marked increase of ~0.8 Å in apparent height at the center indicated either a strong conformational change of the molecular structure or a redistribution of the local density of states of the molecule. Moreover, the d-CoPc molecule on the Au(111) surface was difficult to move with the STM tip, indicating a strong interaction between the molecule and substrate (figs. S1 and S2).

Typical differential conductance dI/dV spectra near the Fermi level (E_F) (Fig. 2A) were measured precisely at the center of an intact CoPc and a d-CoPc molecule with the same tip. The dI/dV spectra were obtained by sinusoidally modulating the bias voltage (4 mV in amplitude) with the first-harmonic current signal detected through a lock-in amplifier. For the intact CoPc molecule at 5 K, there is a broad resonance centered around 150 meV below E_F with a full-width at half-maximum of ~260 meV, which has been well characterized as the Co d_z^2 orbital-mediated tunneling (OMT) peak (*17–21*). This peak disappears completely in the dI/dV spectrum of d-CoPc. Instead, an intense resonance peak arises immediately below E_F (-6 ± 3 meV), with an asymmetric shape and a narrow width of ~50 meV. The amplitude of this peak decreased continuously as the dI/dV spectrum was measured at an increasing distance from the Co center. The peak eventually vanished at the edge of d-CoPc. This resonance was observed with nearly identical height and width in more than 50 d-CoPc molecules. After we elevated the temperature from 5 to 150 K, the

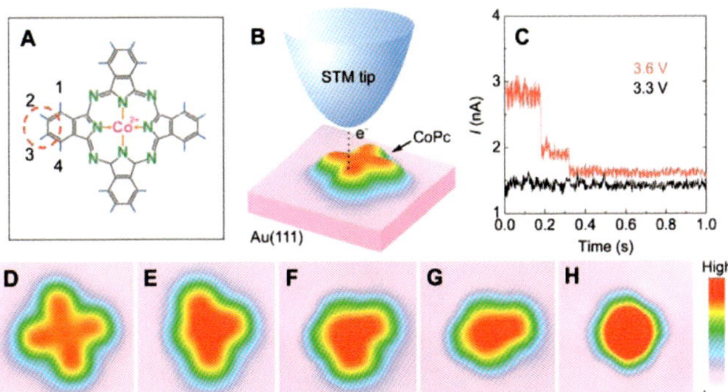

Fig. 1. STM tip–induced dehydrogenation of a single CoPc molecule. (**A**) Structural formula of the CoPc. Hydrogen atoms 2 and 3 of one lobe were dissociated in our experiments. (**B**) Diagram of the dehydrogenation induced by the STM current. (**C**) Current versus time during two different voltage pulses on the brink of one lobe. Black and red lines correspond to 3.3 V and 3.6 V, respectively. (**D** to **H**) STM images of a single CoPc molecule during each step of the dehydrogenation process, from (D) an intact CoPc to (H) d-CoPc. Image area, 25 Å by 25 Å. The color scale represents apparent heights, ranging from 0 Å (low) to 2.7 Å (high).

Hefei National Laboratory for Physical Sciences at Microscale, University of Science and Technology of China (USTC), Hefei, Anhui 230026, People's Republic of China.

*To whom correspondence should be addressed. E-mail: jghou@ustc.edu.cn (J.G.H.); jlyang@ustc.edu.cn (J.Y.)

2008 年度陈嘉庚 地球科学奖

获奖项目

东亚环境变迁的季风控制学说

摘要

首次提出最近250万年洛川黄土－古土壤序列是东亚季风变迁的良好记录,并将多种地质生物记录和古大气环流研究结合，明确指出季风变迁与太阳辐射、全球冰量、青藏高原隆升和全球气候变化等的关系，系统提出东亚环境变化的季风控制说，将东亚环境变化推向动力学的理解，从而解释了以黄土和古土壤交替为特征的洛川黄土－古土壤序列及其他东亚环境变化的一系列现象，为推动20世纪90年代以来东亚过去全球气候变化和第四纪科学研究的发展做出重大贡献。

▲洛川黄土－古土壤序列记录了过去250万年东亚冬夏季风气候的变化

▲暗红色古土壤层和浅色黄土层交错堆积记录了第四纪夏季风优势期和冬季风优势期的交替出现

▼过去13万年中东亚季风气候控制环境变化的模式

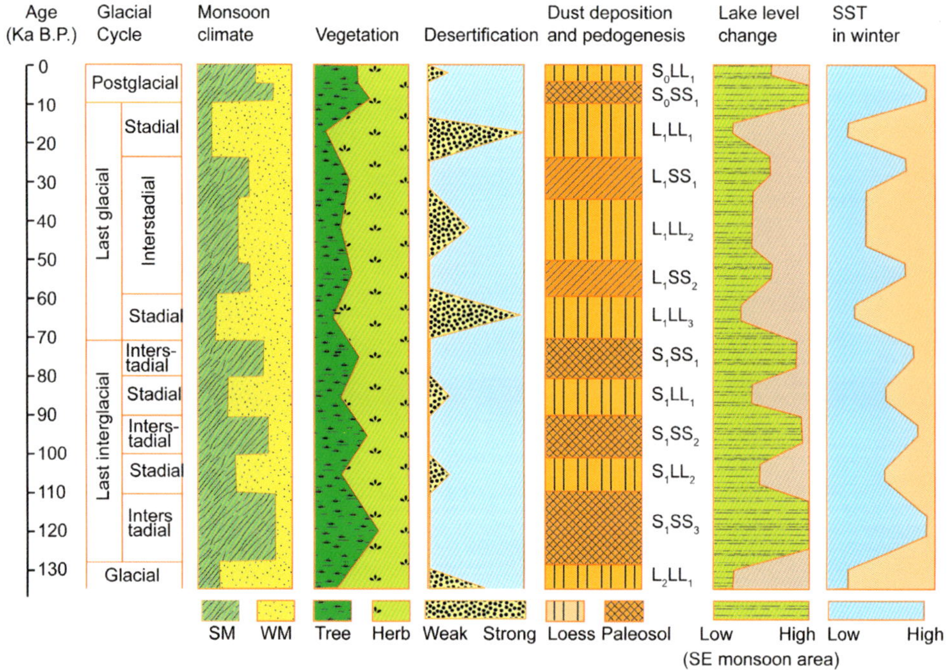

获奖人

安芷生

地质学家，安徽六安人，生于1941年2月25日。1962年南京大学地质系毕业。1966年中国科学院地质研究所、地球化学研究所研究生毕业。中国科学院院士，中国科学院地球环境研究所研究员。现任中国科学院地球环境研究所学术委员会主任。

主要从事全球环境变化、第四纪地质学及环境治理和大气颗粒物污染控制等研究。在《中国科学》、Nature、Science等国内外重要期刊发表文章100余篇，被同行高度评价和大量引用，1996～2007年发表论文被引次数在国际地球科学领域排名第16位（据Science Watch统计）。

▸ 2001年与国际同行在黄土高原野外考察

◂ 2005年在大陆环境科学钻探青海湖钻点岸边实验室查看新获数据

▾ 2013年1月在美国得克萨斯大学奥斯汀分校

THE LONG-TERM PALEOMONSOON VARIATION RECORDED BY THE LOESS–PALEOSOL SEQUENCE IN CENTRAL CHINA

An Zhisheng,* Liu Tunghseng,* Lu Yanchou,† S.C. Porter,‡ G. Kukla,§ Wu Xihao‖ and Hua Yingming¶

*Xi'an Laboratory of Loess and Quaternary Geology, Academia Sinica, P.O. Box 17, Xi'an, China

†Geological Institute, Seismic Bureau, Beijing, China

‡Quaternary Research Center, University of Washington, Seattle, Washington, 98195, U.S.A.

§Lamont-Doherty Geological Observatory of Columbia University, Palisades, NY 10964, U.S.A.

‖Institute of Geomechanics, Ministry of Geology and Mineral Resources, Beijing, China

¶Shaanxi Astronomy Observatory, Xi'an, China

The loess–paleosol sequence in Central China during the last 2.5 Ma is a good record of the Asian monsoon variation, which could be considered as the concrete realization of global paleoclimatic cycles. The geological and biological evidence of the loess–paleosol sequence indicates that the loess was mainly the dust deposits transported by the northerly wind of winter monsoons and also suffered to some extent from pedogenesis caused by weakened summer monsoons, and that the paleosol accreted by the rather slow dust accumulation was closely related to strengthened summer monsoons. An alternating occurrence of loess and paleosol in the Luochuan section implies the variation history of warm-humid climate with a summer monsoon dominance and cold-dry climate with a winter monsoon dominance. The magnetic susceptibility of loess and paleosol can be regarded as a proxy index of Asian monsoon variation. An analysis of the susceptibility curve and structure characters of Luochuan section shows that the Asian monsoon circulation was strengthened from Early Pleistocene to Late Pleistocene, and the 500 ka BP point and 1200 ka BP point seem to be a threshold and a turning point respectively in terms of the long-term paleomonsoon variation in Asia.

INTRODUCTION

Over a plateau as vast as 500,000 km^2 in central China, the well-known loess–paleosol sequence with a thickness generally of 100 m and in maximum more than 300 m is wide-spread and spans a time interval as long as 2.5 Ma. It has long been commonly recognized that the loess–palesosol sequence records global paleoclimatic cycles (Liu *et al.*, 1985; Kukla and An, 1989; Lu and An, 1979; Wang *et al.*, 1982). This statement is naturally correct but incomplete as it neither directly considers the regional, climatic characters of East Asia where the sequence is located, nor is it able to give a satisfactory answer to questions people usually come across. These problems include: Although both the loess–paleosol sequence and deep-sea sediments sequence are well correlated in recording climate generally, but different in specific features; why does the sequence reach such a great thickness, and have such a high resolution of climato-stratigraphy that nowhere else in the Northern Hemisphere can anything comparable be found? Recently, increasing geological and biological evidence in the loess–paleosol sequence indicates that the loess mainly derives from the dust deposits transported by the northerly winter monsoons, and was also affected to some extent by pedogenesis due to weakened summer monsoons; and that the paleosols owe their origin to relatively strong pedogenesis which was closely related to stronger summer monsoons, the moisture-carrier (An *et al.*, 1991a), and were also influenced by slow dust accumulation. From the point of view of loess and related paleosol formation, this is studied by M. Pécsi (Pécsi, 1987). Thus, we have had to look into the loess–paleosol sequence from a new angle, i.e. to study the sequence in order to search for the information of the variation of the Asian monsoon climate. This paper is just a start of an adventure which, we hope, would invoke some wider interests.

THE LOESS–PALEOSOL SEQUENCE — A RECORD OF PALEOMONSOON VARIATION

The present climate of mainland China is controlled by the polar continental air mass (PCAM) or varied PCAM in winter with a dominant northerly monsoon in the lower layer of the troposhere which brings cold and dry air from medium–high latitudes, and the tropical, subtropical oceanic air mass and tropical continental air mass in summer with a southerly monsoon dominated in the lower troposphere which carries from low latitudes oceanic warm and moist air (Gao, 1962; Compiling Committee of Physical Geography in China, 1984a). Generally speaking, the monsoon climate in China has the following features, or diagnostic characters: the seasonal switch of wind current directions, and the accompanying seasonal contrast of precipitation and temperature, resulting in a warm and humid (rainy) summer in contrast to a cold and dry winter.

At present, the Loess Plateau belongs to the typical monsoon climate region (Gao, 1962), with a southeastern–southern summer monsoon and a northwestern–northern winter monsoon. According to

论文2首页（与获奖项目相关的最具代表性论文）

Magnetic Susceptibility Evidence of Monsoon Variation on the Loess Plateau of Central China during the Last 130,000 Years

ZHISHENG AN

Xian Laboratory of Loess and Quaternary Geology, Academia Sinica, P.O. Box 17, Xian 710061, China

GEORGE J. KUKLA

Lamont-Doherty Geological Observatory, Columbia University, Palisades, New York 10964

STEPHEN C. PORTER

Quaternary Research Center, University of Washington, Seattle, Washington 98195

AND

JULE XIAO

Xian Laboratory of Loess and Quaternary Geology, Academia Sinica, P.O. Box 17, Xian 710061, China

Received January 22, 1990

The magnetic susceptibility of loess and paleosols in central China represents a proxy climate index closely related to past changes of precipitation and vegetation, and thus to summer monsoon intensity. Time series of magnetic susceptibility constructed for three loess–paleosol sequences in the southern part of the Chinese Loess Plateau document the history of summer monsoon variation during the last 130,000 yr. They correlate closely with the oxygen isotope record of stages 1 to 5 in deep-sea sediments. Soils were forming during intervals of strong summer monsoon, whereas loess units were deposited at times of reduced monsoon intensity. The Chinese loess–paleosol sequence can thus be viewed as a proxy record of Asian monsoon variability extending over the last 2.5 myr.

INTRODUCTION

The Loess Plateau of central China is built up of a thick succession of loess with interstratified paleosols that register changing environmental conditions during the last 2.5 myr (Liu *et al.*, 1985; Heller and Liu, 1986; Sasajima and Wang, 1984; Kukla and An, 1989; Kukla *et al.*, in press). The uppermost soil commonly has been modified by human activity. Where preserved in its natural state, it is a zonal soil complex formed under a monsoon climate during the early to middle Holocene (Editorial Board of China's Physical Geography (Chinese Academy of Sciences), 1985). Mature paleosols of Pleistocene age in the plateau are the so-called "loessial cinnamon paleosols" (Nanjing Soil Institute of Chinese Academy of Sciences, 1980). They are polygenetic pedocomplexes with characteristic micromorphological features of well-developed, chemically altered soils. They have distinct argillic horizons with frequent argillans and calcans, and show pronounced carbonate illuviation. Argillation, *in situ* translocation and illuviation of clay and iron compounds, and leaching and migration of carbonate, all affected these soils to various degrees. Cinnamon soils correspond approximately to the grey podzolic soils, parabraunerdes, or lessives of western paleosol nomenclatures. Pollen grains in the soils include *Quercus*, *Ulmus*, *Betula*, *Juglans*, *Alnus*, *Artemesia*, Gramineae, and Chenopodiaceae, pointing to development under savanas and open woodlands marked by a distinct contrast

0033-5894/91 $3.00

2010年度陈嘉庚科学奖获奖项目及获奖人

2010年度陈嘉庚科学奖推荐工作于2009年1月初正式启动，基金会办公室按以往惯例向两院院士，“973”、“863”专家，科技类重点大学校长，中国科学院研究所所长，国家重点实验室主任等发送《关于推荐2010年度陈嘉庚科学奖候选奖项的通知》，共计1979份，并新增路甬祥理事长签名推荐邀请信，同时将推荐范围增至一级学会理事长、中国科学院外籍院士（华裔）和国家实验室（筹）主任。截至2009年4月30日，共收到推荐项目52项。

根据相关规定，经基金会办公室形式审查，并经第三届评奖委员会主任联席会议和第二届理事会第二次（通信）会议审议，确定有效推荐项目47项。2009年6～7月，陈嘉庚科学奖各评奖委员会分别召开评审会议，共产生16个有效候选奖项（数理科学奖2项、化学科学奖1项、生命科学奖6项、地球科学奖2项、信息技术科学奖2项、技术科学奖3项）。经各评奖委员会主任审定后，9月初基金会办公室向148位国内和157位国外同行评审专家发送评审邀请。根据国内外同行专家评审意见，共产生15个初步候选奖项（数理科学奖2项、化学科学奖1项、生命科学奖6项、地球科学奖2项、信息技术科学奖2项、技术科学奖2项）。2009年12月，陈嘉庚科学奖6个评奖委员会分别召开评审会议，共投票产生5个奖项的6个正式候选项目（数理科学奖1项、化学科学奖1项、生命科学奖2项、地球科学奖1项、技术科学奖1项），信息技术科学奖空缺。中国科学院各学部常委会根据各评奖委员会的评审意见对正式候选奖项进行了审议，评选出5个建议获奖项目（数理科学奖1项、化学科学奖1项、生命科学奖1项、地球科学奖1项、技术科学奖1项）。

2010年4月21日基金会第二届理事会第三次会议对5个建议获奖项目进行了讨论，投票产生5个正式获奖项目，分别为：数理科学奖获奖项目“固体的变形局部化、损伤与灾变”，获奖科学家为中国科学院力学研究所白以龙研究员；化学科学奖获奖项目“态-态反应动力学研究”，获奖科学家为中国科学院大连化学物理研究所杨学明研究员；生命科学奖获奖项目“Beta-arrestin信号调节机制及生理病理研究”，获奖科学家为上海同济大学裴钢教授；地球科学奖获奖项目“中国含油气盆地构造学”，获奖科学家为中国石油勘探开发研究院教授级高级工程师李德生；技术科学奖获奖项目“人居环境科学”，获奖科学家为清华大学吴良镛教授。

本年度评奖工作中，推荐和获奖项目数量都显著增加。为激发广大科研人员参与推荐和评审项目的积极性，提高推荐项目的数量和质量，从本年度起给2000多位院士专家的推荐通知都附上理事长签名的邀请信。在通信评审过程中，为提高同行评审的效率，基金会除通过邮局向国内外300余位专家发送评审邀请和评审材料外，还同时通过电子邮件发送中、英文同行评审材料。为此，基金会还对所有评审材料的内容和格式进行规范，进一步简化评审表格，特别是英文表格，并使之符合英文习惯和国际惯例。这些措施取得了良好效果，有效避免了有效候选项目因同行评审意见数量不够而不能进入下一轮评审的情况。

本次评奖工作结束后优化了评奖程序。第二届理事会第三次会议决定在今后的评审中取消常委会审议产生建议获奖项目的环节；每个奖项产生出有效候选奖项的数量从6项减至4项；同时还决定从2012年起将陈嘉庚科学奖单项奖金从30万元增加至50万元，并据此对《陈嘉庚科学奖奖励条例》和《陈嘉庚科学奖奖励条例实施细则》进行了修订。另外，2010年11月26日召开的第二届理事会第四次会议还决定增设陈嘉庚青年科学奖，与陈嘉庚科学奖同步推荐和评审。

2010 年度陈嘉庚数理科学奖

获奖人

白以龙

力学家，1940年12月22日生于云南祥云。1963年毕业于中国科学技术大学，1966年中国科学院力学研究所研究生毕业，1966年至今在中国科学院力学研究所工作。1991年当选中国科学院院士，2002年当选欧洲科学院院士。现任中国科学院力学研究所研究员，国际理论和应用力学联合会（IUTAM）理事等。

曾参加爆炸成形模具强度、爆炸法制造金刚石、核爆炸波传播的研究。对热塑剪切变形局部化，得到其发生判据、演化和准稳态结构的规律。针对微损伤演化，建立了亚微秒应力脉冲技术、统计细观力学理论和演化诱致突变等概念。发表学术论文百余篇，出版英文专著两部。

获奖项目

固体的变形局部化、损伤与灾变

摘要

剪切变形局部化是材料灾变破坏的前兆。该项目突破国际惯用的经验描述，建立了材料热塑剪切变形的控制方程，得到了剪切带形成的失稳判据，预测了剪切带特征宽度，揭示了剪切带的形成和演化机制。针对微损伤演化导致的材料失效问题，提出了跨尺度的统计细观损伤力学理论，建立了微损伤数密度的演化方程和相应的解，揭示并实验验证了损伤破坏非线性行为的重要普适性特征，包括演化诱致灾变、样本个性行为和临界敏感性等。该项成果为“剪切带形成和材料损伤领域做出了开创性的贡献”。

◂访问英国皇家学会
▾作为第二十三届国际理论和应用力学大会（ICTAM 2012）主席致开幕词
▾在藏区

论文1首页（与获奖项目相关的最早发表论文）

THERMO-PLASTIC INSTABILITY IN SIMPLE SHEAR

Y. L. Bai

Institute of Mechanics, Academia Sinica, Peking, China

(*Received* 5 *February* 1981; *in revised form* 9 *March* 1982)

Abstract

A theoretical description of thermo-plastic instability in simple shear is presented in a system of equations describing plastic deformation, the first law of thermodynamics and Fourier's heat transfer rule. Both mechanical and thermodynamical parameters influence instability and it is shown that two different modes of instability may exist. One of them is dominated by thermal softening and has a characteristic time and length, connected to each other by thermal diffusion.

A criterion combining thermal softening, current stress, density, specific heat, work-hardening, thermal conductivity and current strain rate is obtained and practical implications are discussed.

Notation

x_i	Euler coordinates
X_i	Lagrangian coordinates
T_{ij}	Cauchy stress tensor
W_p	plastic work
q	heat
K	Tayor–Quinney coefficient
u	displacement
γ	shear strain
τ	shear stress
θ	temperature
ρ	density
h_i	heat flux
E	internal energy per unit mass
c_v	specific heat
λ	thermal conductivity
Q_0	work hardening
R_0	strain-rate hardening
P_0	thermal softening
k	wave number
α	reciprocal of characteristic time

1. Introduction

It has been established that a localization of plastic flow in shear can occur, which is closely connected with the heat generated by plastic deformation. Some investigators, such as Rogers (1979), call this "adiabatic shear instability", although the phenomenon may include heat transfer during the course of deformation. This catastrophic shear is quite significant, especially for ductile fracture.

论文2首页（与获奖项目相关的最具代表性论文）

CHAPTER 7

Non-Equilibrium Evolution of Collective Microdamage and Its Coupling with Mesoscopic Heterogeneities and Stress Fluctuations

Y.L. Bai, M.F. Xia, Y.J. Wei, and F.J. Ke

7.1. Introduction

In proposing a workshop to discuss "Shock Dynamics and Non-Equililbrium Mesoscopic Fluctuations in Solids", it was pointed out that: "The existence of mesoscale inhomogeneities and stress fluctuations has certainly been recognized by experimentalists and theoretical analysts. However, the issue of heterogeneous and non-equilibrium shock front dynamics on the mesoscale, has largely been ignored, in spite of the fact that these must strongly influence the phenomena such as fracture and phase transitions." The following specific questions were posed: (1) "What experimental data are available and what are their implications?" (2) "Are there new mesoscale theories for shock dynamics?" (3) "How do the theories affect the existing fracture and phase transition paradigms?" and (4) "What kinds of new computational and materials models are needed? " [1]

This statement reminds us of some earlier appeals. For instance, McDowell [2] wrote "rigorous treatment of non-uniformly distributed defects requires tools not yet fully developed in continuum damage mechanics. Weighing the influence of distributed damage at the microscale on the collective macroscale stiffness and evolution of damage is a challenge."

In engineering practice, distributed microdamage as a kind of mesoscopic inhomogeneity often plays a critical role in failure analysis. Time-dependent spallation [3–5], failure waves [6,7], and deflagration to detonation transition in propellants and explosives [8,9] are notable examples of nonequilibrium evolution of mesoscopic damage. More broadly, an emerging science of microstructural engineering is being developed to address the question of why, although a piece of blackboard chalk and a clam shell are chemically almost identical, the chalk will snap far more easily [10]. Based on the knowledge of microstructure and its evolution, this science is intended for use in design and in developing new advanced materials.

2010年度陈嘉庚化学科学奖

获奖项目

态–态反应动力学研究

摘要

杨学明在过去多年里，利用自行研制且领先于世界的科学仪器研究了一系列的重要基元反应，在态-态反应动力学研究领域取得了一系列的重要研究成果。他和同事们一起成功地解决了国际学术界30多年来悬而未决的F+H_2重要化学激光体系中反应共振这一科学难题，发现了波恩–奥本海默近似在低碰撞能下在F+D_2这一重要反应中完全失效。这些研究成果大大推动了态–态化学动力学特别是共振态动力学和非绝热动力学研究的发展，对于我们理解量子反应动力学特性具有重要学术意义。

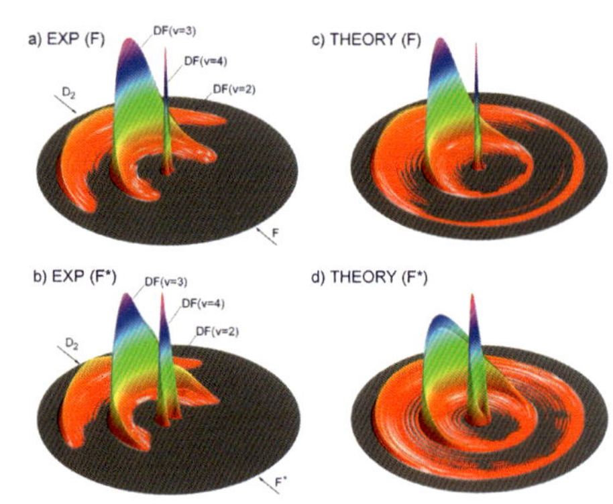

▲ F+D_2反应的微分截面

获奖人

杨学明

物理化学家，1962年10月11日出生于浙江德清。1991年在美国加州大学圣巴巴拉分校获得哲学博士学位。1991～1995年分别在普林斯顿大学化学系及加州大学伯克利分校从事博士后研究工作。1995年底被聘为中国台湾原子与分子科学研究所副研究员，2000年升为终身职研究员。2001年开始，被聘为中国科学院大连化学物理研究所研究员兼分子反应动力学国家重点实验室主任。2006年获选为美国物理学会会士（Fellow）。杨学明获得国内外多项重要学术奖励。例如，国际自由基会议的布洛伊达奖（Broida Prize）、海外华人物理协会的亚洲成就奖等；中国科学院杰出科技成就奖、周光召基金会杰出青年基础研究奖、何梁何利科学与技术进步奖、陈嘉庚科学奖、长江学者成就奖，以及国家自然科学二等奖，并获得胡锦涛主席的亲自颁奖。2011年获得德国洪堡基金会的洪堡研究奖并当选为中国科学院院士。

主要从事分子光谱及化学动力学领域的实验研究工作。主持研制了新一代的交叉分子束科学仪器，并且利用这些科学仪器对化学反应动力学的一系列重要问题开展了深入的实验研究工作，共发表研究论文近200篇，其中有10篇发表在Science和Nature上，并获邀为Acc. Chem. Res. 和Ann. Rev. Phys. Chem. 等著名期刊撰写综述文章。

◂ 与学生交流工作
▸ 工作中
▾ 在实验室

论文1首页（与获奖项目相关的最早发表论文）

Breakdown of the Born-Oppenheimer Approximation in the F + o-D_2 → DF + D Reaction

Li Che,[1]* Zefeng Ren,[1]* Xingan Wang,[1] Wenrui Dong,[1] Dongxu Dai,[1] Xiuyan Wang,[1] Dong H. Zhang,[1] Xueming Yang,[1]† Liusi Sheng,[2] Guoliang Li,[3] Hans-Joachim Werner,[3]† François Lique,[4] Millard H. Alexander[4]†

The reaction of F with H_2 and its isotopomers is the paradigm for an exothermic triatomic abstraction reaction. In a crossed-beam scattering experiment, we determined relative integral and differential cross sections for reaction of the ground $F(^2P_{3/2})$ and excited $F^*(^2P_{1/2})$ spin-orbit states with D_2 for collision energies of 0.25 to 1.2 kilocalorie/mole. At the lowest collision energy, F* is ~1.6 times more reactive than F, although reaction of F* is forbidden within the Born-Oppenheimer (BO) approximation. As the collision energy increases, the BO-allowed reaction rapidly dominates. We found excellent agreement between multistate, quantum reactive scattering calculations and both the measured energy dependence of the F*/F reactivity ratio and the differential cross sections. This agreement confirms the fundamental understanding of the factors controlling electronic nonadiabaticity in abstraction reactions.

The Born-Oppenheimer (BO) approximation is invaluable in the application of quantum mechanics to molecular spectroscopy and molecular reaction dynamics. This approximation (*1*) postulates that electrons adapt adiabatically to the motion of the much heavier nuclei, so that the forces on the nuclei are generated by the variation with geometry of the electronic energy of a single electronic state. The BO approximation allows us to model molecular dynamics as the motion of multiple nuclei on a single electronic potential energy surface (PES).

Despite its great success, the BO approximation breaks down whenever two (or more) electronic states become degenerate (or nearly so). This breakdown is responsible for fundamental molecular phenomena such as predissociation or internal conversion in an isolated molecule (*2*, *3*) and is ultimately crucial in more complex chemical processes.

In most bimolecular reactions involving an open-shell reactant, two (or more) electronic states are degenerate at large separations. As the reaction proceeds, the degeneracy is lifted. Often, not all the PESs correlate with the lowest electronic state of the products (*4*, *5*). In the F or F* (F/F*) + H_2 reaction under investigation, the BO approximation prohibits the reaction of the excited F-atom spin-orbit state (*6*, *7*) (Fig. 1). The extent to which reaction flux can move from one PES to another during the reaction is largely unknown.

Interest in the reactivity of spin-orbit excited F atom with H_2, induced by the breakdown of the BO approximation, dates back 30 years (*8*). Earlier experimental studies of the F + H_2 (*9*) and F + D_2 (*10*, *11*) reactions showed no concrete evidence of F* reactivity. Nesbitt and co-workers (*12*, *13*) did find such evidence by looking at the production of HF (v = 3) in rotational levels that are energetically inaccessible by reaction of ground spin-orbit state F atoms. Concurrently, in a crossed-beams study of the F/F* + HD reaction, Liu and co-workers also found experimental evidence of the HF (v = 3) product from the F* reaction at threshold collision energies (*14*). The great experimental difficulty in evaluating the relative F* reactivity is the separation of HF products produced by the reaction of F*.

Despite the importance of F* reactivity, the majority of prior theoretical work on the F + H_2 (HD, D_2) reaction has been limited to calculations on the lowest, electronically adiabatic PES. Building on earlier work (*15*–*17*), Alexander, Manolopoulos, and Werner (*7*) presented an exact framework for the fully quantum-mechanical study of this reaction with inclusion of all three PESs shown in Fig. 1, as well as spin-orbit and Coriolis coupling. Alexander and coworkers have shown that, as the collision energy decreases, the BO-allowed reaction of F becomes suppressed by the small reaction barrier (Fig. 1) more rapidly than the reaction of F*. Thus, at low energy the BO-forbidden reaction becomes increasingly important because of the additional internal energy available in the spin-orbit excited state (1.2 kcal/mol) (*7*, *18*).

In an effort to determine the extent of the breakdown of the BO approximation in this benchmark system and to test fully our ability to measure, and predict, the degree of reactivity of the spin-orbit excited F atoms, we report here a high-resolution crossed molecular beam study on the F/F* + *ortho*-D_2 reaction using the D-atom Rydberg tagging method (*19*). We concentrated on very low collision energies ($0.2 \le E_c \le 1.2$ kcal/mol), where nonadiabatic effects are expected to be most pronounced. The choice of D_2, rather than H_2 or HD, was made for several reasons: The absence of D atom background allows a higher detection signal-to-noise ratio, and the smaller rotational constant of DF (compared with HF) allows a cleaner separation of the DF (v') products from the reaction of F compared with F*. In addition, because of the absence of a transition state resonance (*20*) in the F + D_2 reaction at low collision energy, the investigation and the comparison with theory can focus solely on the relative reactivity of the two F atom spin-orbit states, without any additional complexity introduced by the resonance.

In the experiments (*21*–*24*), the F atom beam was generated by expanding a mixture of 50% NF_3/2.5% F_2/47.5% He through a two-

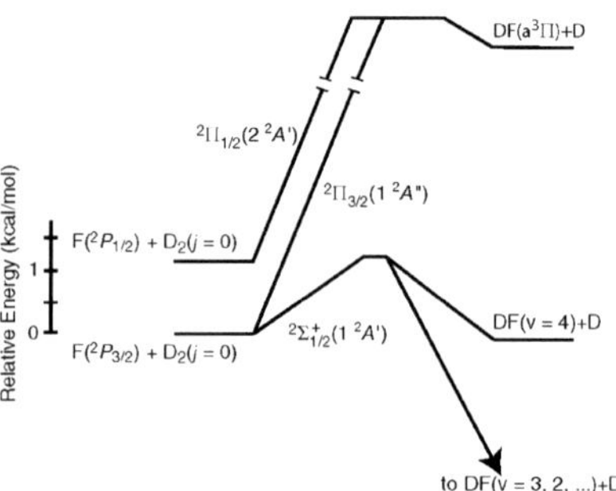

Fig. 1. Relative energies (to scale) for the F/F* + D_2 reaction, after inclusion of the spin-orbit splitting, with a schematic representation of the three FH_2 electronically adiabatic PESs, labeled for both colinear and coplanar geometry. The vibrational zero-point energy (for reactants and products and at the barrier) has been included. Although the $F(^2P_{3/2})$ + D_2 → DF (v = 0) + D reaction exothermicity is 31.80 kcal/mol, the DF (v = 4) + D channel is exoergic by only 0.088 kcal/mol. The potential energy surfaces for the two Π states correlate, in the product arrangement, with DF($a^3\Pi$) + D, which lies at least 38 kcal/mol above the $F(^2P_{3/2})$ + D_2 asymptote. Consequently, the position of this asymptote is not drawn to scale.

[1]State Key Laboratory of Molecular Reaction Dynamics, Dalian Institute of Chemical Physics, Chinese Academy of Sciences, Dalian, Liaoning 116023, People's Republic of (P. R.) China. [2]National Synchrotron Radiation Laboratory, University of Science and Technology of China, Hefei, Anhui 230029, P. R. China. [3]Institüt für Theoretische Chemie, Pfaffenwaldring 55, Universität Stuttgart, D-75069 Stuttgart, Germany. [4]Department of Chemistry and Biochemistry and Institute for Physical Sciences and Technology, University of Maryland, College Park, MD 20742–2021, USA.

*These authors contributed equally to this work.
†To whom correspondence should be addressed. E-mail: xmyang@dicp.ac.cn (X.Y.); werner@theochem.uni-stuttgart.de (H.-J.W.); mha@umd.edu (M.H.A.)

论文2首页（与获奖项目相关的最具代表性论文）

Probing the resonance potential in the F atom reaction with hydrogen deuteride with spectroscopic accuracy

Zefeng Ren*, Li Che*, Minghui Qiu†, Xingan Wang*, Wenrui Dong*, Dongxu Dai*, Xiuyan Wang*, Xueming Yang*‡, Zhigang Sun*§, Bina Fu*, Soo-Y. Lee§, Xin Xu¶, and Dong H. Zhang*‡

*State Key Laboratory of Molecular Reaction Dynamics, Dalian Institute of Chemical Physics, Chinese Academy of Sciences, Dalian 116023, Liaoning, China; †Department of Physics, Dalian Jiaotong University, Dalian 116028, Liaoning, China; §School of Physical and Mathematical Sciences, Nanyang Technological University, Republic of Singapore 637616; and ¶Department of Chemistry, Xiamen University, Xiamen 361005, Fujian, China

Edited by F. Fleming Crim, University of Wisconsin, Madison, WI, and approved January 3, 2008 (received for review October 19, 2007)

Reaction resonances are transiently trapped quantum states along the reaction coordinate in the transition state region of a chemical reaction that could have profound effects on the dynamics of the reaction. Obtaining an accurate reaction potential that holds these reaction resonance states and eventually modeling quantitatively the reaction resonance dynamics is still a great challenge. Up to now, the only viable way to obtain a resonance potential is through high-level *ab initio* calculations. Through highly accurate crossed-beam reactive scattering studies on isotope-substituted reactions, the accuracy of the resonance potential could be rigorously tested. Here we report a combined experimental and theoretical study on the resonance-mediated F + HD → HF + D reaction at the full quantum state resolved level, to probe the resonance potential in this benchmark system. The experimental result shows that isotope substitution has a dramatic effect on the resonance picture of this important system. Theoretical analyses suggest that the full-dimensional FH_2 ground potential surface, which was believed to be accurate in describing the resonance picture of the F + H_2 reaction, is found to be insufficiently accurate in predicting quantitatively the resonance picture for the F + HD → HF + D reaction. We constructed a global potential energy surface by using the CCSD(T) method that could predict the correct resonance peak positions as well as the dynamics for both F + H_2 → HF + H and F + HD → HF + D, providing an accurate resonance potential for this benchmark system with spectroscopic accuracy.

crossed molecular beams scattering | potential energy surfaces | reaction dynamics | reaction resonances

Reaction resonance has been a central topic in reaction dynamics research for the last few decades (1–3). The F + H_2 → HF + H system has played a key role in the study of reaction resonances (4, 5). Theoretical predictions of reaction resonances in the F + H_2 reaction were made in the 1970s (6–9) based on a collinear potential. In a crossed-beams study on the F + H_2 reaction by Lee and coworkers (10) in 1984, a forward scattering peak was observed for the HF(v' = 3) product, which was attributed to a reaction resonance. However, theoretical studies (11, 12) based on the Stark–Werner potential energy surface (SW-PES), in which the spin–orbit effect was not incorporated, did not concur with this conjecture. On the other hand, results of full quantum mechanical (QM) calculations based on the SW-PES were found to be in good agreement with the negative-ion photodetachment spectra of FH_2^- by Neumark and coworkers (13). More recently, the F + H_2(j = 0) reaction was investigated in a high-resolution crossed-beams reactive scattering study (14, 15). A pronounced forward scattering peak at the collision energy of 0.52 kcal/mol for HF(v' = 2) was observed and attributed to the constructive interference of two Feshbach resonance states, the ground and the first excited Feshbach resonance states, in this system based on a recently calculated, full-dimensional FH_2 ground potential energy surface (XXZ-PES) (16), which has included the spin–orbit effect. In addition, experimental evidence of dynamical resonances in the F + H_2(j = 1) reaction has also been found (17).

For the F + HD → HF + D reaction, a detailed crossed molecular beam study was also carried out recently (18). In this study, a step in the total excitation function at ≈0.5 kcal/mol was observed clearly. This step was attributed to a single reaction resonance state based on the theoretical analysis using the SW-PES. Differential cross-sections have also been measured from 0.4 to 1.18 kcal/mol (19) and from 1.3 to 4.53 kcal/mol (20). However, the resonance step in the total excitation function predicted theoretically by using the SW-PES is to appear at 0.7 kcal/mol, which is ≈0.2 kcal/mol higher than is observed experimentally. Furthermore, when the spin–orbit effect was included in the SW-PES, the predicted step in the excitation function differed even more markedly from experiment. A modified potential based on the SW-PES has also been constructed (21), but this modified PES has an energetic problem similar to the SW-PES. In addition, the first excited resonance state in F + H_2 disappears on this modified PES. This result is not consistent with the result of the recent high-resolution crossed-beam experiment on F + H_2 (14).

The XXZ-PES appeared to be quite accurate in predicting the collision energy-dependent forward scattering peak as well as the differential cross-sections for the F + H_2 reaction (14). The predicted resonance step in the F + HD → HF + D reaction calculated by using the XXZ-PES is, however, still considerably higher in energy than the previous crossed-beams result (18) (supporting information (SI) Fig. 7). This finding suggests that the XXZ-PES in the resonance region is not sufficiently accurate and thus predicts an incorrect isotope shift of the resonance state in F + HD → HF + D. Therefore, no PES currently available for this benchmark system can predict quantitatively the correct resonance picture for both F + H_2 and F + HD reactions simultaneously, suggesting that the essential part of the PES, the resonance potential well, is still not accurate at the level of the present state-of-the-art molecular beam scattering experiment.

Recently, we have carried out a full quantum state resolved reactive scattering study on the isotope-substituted F($^2P_{3/2}$) + HD(j = 0) → HF + D reaction, in an effort to probe the

Author contributions: Z.R. and L.C. contributed equally to this work; X.Y. and D.H.Z. designed research; Z.R., L.C., M.Q., Xingan Wang, W.D., D.D., Xiuyan Wang, X.Y., Z.S., B.F., S.-Y.L., and D.H.Z. performed research; X.X. contributed new reagents/analytic tools; Z.R. and L.C. analyzed data; and X.Y. and D.H.Z. wrote the paper.

The authors declare no conflict of interest.

This article is a PNAS Direct Submission.

‡To whom correspondence may be addressed. E-mail: xmyang@dicp.ac.cn or zhangdh@dicp.ac.cn.

This article contains supporting information online at www.pnas.org/cgi/content/full/0709974105/DC1.

2010 年度陈嘉庚生命科学奖

获奖项目

Beta-arrestin信号调节机制及生理病理研究

摘要

以往研究显示，Beta-arrestin的功能主要是和激活的GPCR结合，介导其内吞，从而阻止其信号转导。本项目的研究发现，通过和p38 MAPK、Mdm2、IκBα、Traf6、p300及IR等分子间的相互作用，Beta-arrestin调控了一系列信号复合体的形成和生理病理过程，项目已在Nature、Cell和Nat Immunol等期刊发表论文9篇。这些原创性研究不仅极大地丰富了对Beta-arrestin信号转导机理，特别是对Beta-arrestin生理病理功能的认识，而且为包括炎症、癌变和糖尿病等重要疾病的发病机理及诊治提供了重要线索和潜在靶点。

▲裴钢教授参加柏林工业大学“同济日”活动

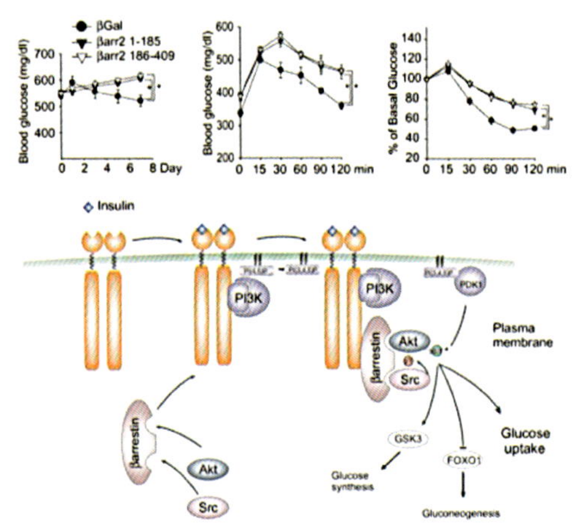

▲Beta-arrestin对胰岛素信号通路的调节作用

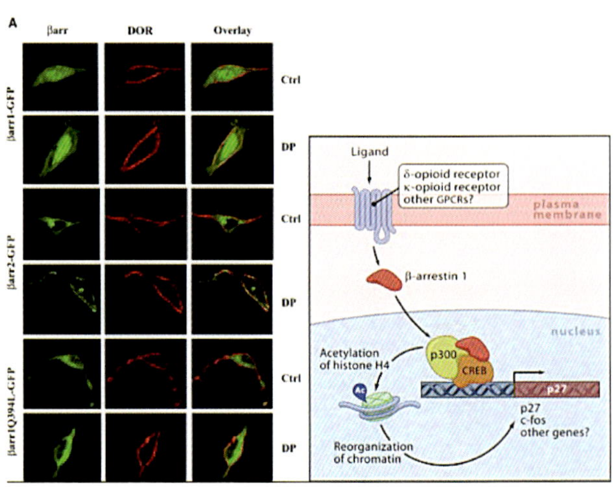

▲Beta-arrestin1可以作为细胞质和细胞核间GPCR信号传递的信使

获奖人

裴钢

生物学家，1953年12月11日出生于辽宁沈阳。1981年于沈阳药科大学获学士学位，1984年获硕士学位，1991年获美国北卡罗来纳州立大学生物化学和生物物理学博士学位，其后在美国杜克大学进行博士后研究。1995年应聘担任中国科学院和德国马普学会共同支持的青年科学家小组组长。1999年当选中国科学院院士。2001年当选第三世界科学院院士。2000年5月起任中国科学院上海生命科学研究院院长。2007年8月起任同济大学校长。

主要从事细胞信号转导方面的研究，研究方向包括：G蛋白偶联受体（GPCRs）信号转导及其与其他信号转导通路间的相互作用；细胞信号转导在人类重大疾病发生和发展中的作用及以细胞信号网络关键分子为靶点的新药研制；细胞信号转导网络通过调节表观遗传修饰对基因转录、胚胎发育及细胞全能性诱导及维持的调控新机制。在国际学术期刊上发表研究论文百余篇，其中包括Nature 1篇、Cell 3篇、Nat Immunol 4篇、Nat Med 1篇。

▼裴钢教授致辞

论文1首页（与获奖项目相关的最早发表论文）

THE JOURNAL OF BIOLOGICAL CHEMISTRY
Vol. 277, No. 51, Issue of December 20, pp. 49212–49219, 2002
Printed in U.S.A.

β-Arrestin2 Is Critically Involved in CXCR4-mediated Chemotaxis, and This Is Mediated by Its Enhancement of p38 MAPK Activation*

Received for publication, July 19, 2002, and in revised form, September 16, 2002
Published, JBC Papers in Press, October 4, 2002, DOI 10.1074/jbc.M207294200

Yue Sun‡, Zhijie Cheng‡, Lan Ma§, and Gang Pei‡¶

From the ‡Laboratory of Molecular Cell Biology, Institute of Biochemistry and Cell Biology, Shanghai Institutes for Biological Sciences, Chinese Academy of Sciences, 320 Yue Yang Road, Shanghai 200031, People's Republic of China, and §National Laboratory of Medical Neurobiology, Fudan University Medical Center, Shanghai 200031, People's Republic of China

Chemotaxis mediated by chemokine receptors such as CXCR4 plays a key role in lymphocyte homing and hematopoiesis as well as in breast cancer metastasis. We have demonstrated previously that β-arrestin2 functions to attenuate CXCR4-mediated G protein activation and to enhance CXCR4 internalization. Here we show further that the expression of β-arrestin2 in both HeLa and human embryonic kidney 293 cells significantly enhances the chemotactic efficacy of stromal cell-derived factor 1α, the specific agonist of CXCR4, whereas the suppression of β-arrestin2 endogenous expression by antisense or RNA-mediated interference technology considerably attenuates stromal cell-derived factor 1α-induced cell migration. Expression of β-arrestin2 also augmented chemokine receptor CCR5-mediated but not epidermal growth factor receptor-mediated chemotaxis, indicating the specific effect of β-arrestin2. Further analysis reveals that expression of β-arrestin2 strengthened CXCR4-mediated activation of both p38 MAPK and ERK, and the suppression of β-arrestin2 expression blocked the activation of two kinases. Interestingly, inhibition of p38 MAPK activation (but not ERK activation) by its inhibitors or by expression of a dominant-negative mutant of p38 MAPK effectively blocked the chemotactic effect of β-arrestin2. Expression of a dominant-negative mutant of ASK1 also exerted the similar blocking effect. The results of our study suggest that β-arrestin2 can function not only as a regulator of CXCR4 signaling but also as a mediator of stromal cell-derived factor 1α-induced chemotaxis and that this activity probably occurs via the ASK1/p38 MAPK pathway.

Chemokines are a family of soluble peptides that promote the recruitment of various types of leukocytes to sites of inflammation and to secondary lymphoid organs (1, 2). On the basis of the first two of four conserved Cys residues, chemokines are divided into four subfamilies: α (C-X-C), β(C-C), γ (C), and δ(C-X-X-X-C) (3–5). SDF-1[1] is an 8-kDa CXC chemokine originally isolated from a bone marrow stromal cell line (6). CXCR4, a well known chemokine receptor that functions as a CD4-associated human immunodeficiency virus type 1 (HIV-1) coreceptor (7–9), is the only receptor for SDF-1, whereas SDF-1 is the sole chemokine for CXCR4 (10, 11). The constitutive expression of SDF-1 and CXCR4 in a large number of tissues (12–15) suggests the broad spectrum of their biological functions. SDF-1/CXCR4 plays an important role in lymphocyte homing and hematopoiesis and is mandatory for various development processes, in particular the development of the brain, heart, and blood vessels (16–19). Knock-out mice that lack CXCR4 or SDF-1 are embryologically lethal (17–19). It has recently been demonstrated that chemotaxis induced by CXCR4 is involved in breast cancer metastasis (20).

As a G protein-coupled receptor (GPCR), CXCR4 can be regulated by β-arrestin, which is a well known regulator of GPCRs. Our previous study demonstrates that β-arrestin can functionally interact with CXCR4 on SDF-1 stimulation and thus significantly attenuate CXCR4-mediated G-protein activation and promote CXCR4 internalization (21). Recent discoveries indicate that β-arrestin also plays an important role as a scaffold that links GPCRs to mitogen-activated protein kinase (MAPK) cascades such as Raf, ERK, ASK1, and c-Jun NH_2-terminal kinase 3 (22). Furthermore, formation of β-arrestin complexes with Hck or c-Fgr after stimulation of CXCR1 by interleukin 8 leads to Hck or c-Fgr activation that regulates CXCR1-mediated granule exocytosis (23). A very recent report shows that lymphocytes from β-arrestin2-deficient mice are strikingly impaired in their ability to respond to CXCL12 (SDF-1) in migration assays (24), but the underlying mechanism is unclear.

Accumulating evidence demonstrates that p38 MAPK is functionally involved in cell migration and chemotaxis. Oddly enough, however, both p38 MAPK and ERK can respond to chemotactic stimulation. In human endothelial cells, inhibition of p38 MAPK activity by its specific inhibitor leads to blockage of EGF-induced cell migration, and this is correlated to its attenuation of heat shock protein 27 phosphorylation and actin reorganization (25). It is also reported that inhibition of p38 MAPK abrogates methyl-accepting chemotaxis protein-1-induced chemotaxis (26). However, the potential role of p38 MAPK in CXCR4-mediated chemotaxis is not known yet.

EXPERIMENTAL PROCEDURES

Materials—SDF-1α was purchased from Leinco Technologies, Inc. (St. Louis, MO). PD98059, U0126, SB203580, SKF86002, and

* This work was supported by Grants G1999053907 and G1999054003 from the Ministry of Science and Technology, Grants KSCX2-2 and KSCX2-SW from the Chinese Academy of Sciences, and Grant 30021003 from the National Natural Science Foundation of China. The costs of publication of this article were defrayed in part by the payment of page charges. This article must therefore be hereby marked "*advertisement*" in accordance with 18 U.S.C. Section 1734 solely to indicate this fact.

¶ To whom correspondence should be addressed. Tel.: 86-21-64716049; Fax: 86-21-64718563; E-mail: recbio@sunm.shcnc.ac.cn

[1] The abbreviations used are: SDF-1, stromal cell-derived factor 1; MAPK, mitogen-activated protein kinase; ERK, extracellular signal-regulated kinase; ASK1, apoptosis signal-regulating kinase 1; GPCR, G protein-coupled receptor; HEK, human embryonic kidney; CMV, cytomegalovirus; EGF, epidermal growth factor; EGFR, epidermal growth factor receptor; iRNA, RNA-mediated interference; RANTES, regulated on activation normal T cell expressed and secreted.

This paper is available on line at http://www.jbc.org

论文2首页（与获奖项目相关的最具代表性论文）

nature Vol 457|26 February 2009|doi:10.1038/nature07617

LETTERS

Deficiency of a β-arrestin-2 signal complex contributes to insulin resistance

Bing Luan[1], Jian Zhao[1], Haiya Wu[3], Baoyu Duan[1], Guangwen Shu[1], Xiaoying Wang[4], Dangsheng Li[2], Weiping Jia[3], Jiuhong Kang[1] & Gang Pei[1,5]

Insulin resistance, a hallmark of type 2 diabetes, is a defect of insulin in stimulating insulin receptor signalling[1,2], which has become one of the most serious public health threats. Upon stimulation by insulin, insulin receptor recruits and phosphorylates insulin receptor substrate proteins[3], leading to activation of the phosphatidylinositol-3-OH kinase (PI(3)K)–Akt pathway. Activated Akt phosphorylates downstream kinases and transcription factors, thus mediating most of the metabolic actions of insulin[4–6]. β-arrestins mediate biological functions of G-protein-coupled receptors by linking activated receptors with distinct sets of accessory and effecter proteins, thereby determining the specificity, efficiency and capacity of signals[7–11]. Here we show that in diabetic mouse models, β-arrestin-2 is severely downregulated. Knockdown of β-arrestin-2 exacerbates insulin resistance, whereas administration of β-arrestin-2 restores insulin sensitivity in mice. Further investigation reveals that insulin stimulates the formation of a new β-arrestin-2 signal complex, in which β-arrestin-2 scaffolds Akt and Src to insulin receptor. Loss or dysfunction of β-arrestin-2 results in deficiency of this signal complex and disturbance of insulin signalling *in vivo*, thereby contributing to the development of insulin resistance and progression of type 2 diabetes. Our findings provide new insight into the molecular pathogenesis of insulin resistance, and implicate new preventive and therapeutic strategies against insulin resistance and type 2 diabetes.

We first investigated the expression pattern of β-arrestins in the *db*/*db* mouse model of type 2 diabetes. There was a decrease in β-arrestin-2 protein and messenger RNA levels in liver and skeletal muscle of *db*/*db* mice (Fig. 1a, b). Consistently, in dietary-induced insulin-resistant model mice (high-fat diet (HFD) mice)[12], expression of β-arrestin-2 also decreased in liver and skeletal muscle (Fig. 1c, d). Expression levels of β-arrestin-2 in adipose tissue (Fig. 1), brain or lung of *db*/*db* or HFD mice did not change (data not shown). β-arrestin-1 was downregulated in liver and skeletal muscle, but to a lesser extent than β-arrestin-2 (data not shown). We also found a similar downregulation of β-arrestins in liver from clinical samples of type 2 diabetes (eight pairs) (Supplementary Fig. 1). Changes in β-arrestin levels in these insulin-resistant mice and clinical samples raise the possibility that β-arrestins might have a role in insulin signalling and that its deficiency might contribute to insulin resistance and type 2 diabetes.

We then assessed the potential roles of β-arrestin-2 in whole-body insulin action and glucose metabolism. β-arrestin-2 knockout (β-arr2-KO) mice are viable and fertile, with normal body weight and food intake (Supplementary Fig. 2a). Their fasted blood glucose and insulin levels were normal, but re-fed blood glucose and insulin levels were much higher than wild-type littermates (Fig. 2a, b), suggesting a potential decrease in systemic insulin sensitivity. In fact, glucose tolerance tests (GTTs) revealed significant deterioration in glucose metabolism in β-arr2-KO mice (Fig. 2c). Insulin secretion in response to glucose load during GTTs was also higher in β-arr2-KO mice (Supplementary Fig. 2c), consistent with insulin tolerance tests (ITTs) which showed significantly decreased insulin sensitivity in β-arr2-KO mice (Fig. 2d). To define the role for β-arrestin-2 in modulating whole-body insulin sensitivity further, we performed hyperinsulinaemic–euglycaemic clamp studies. We found no significant difference in basal hepatic glucose production between β-arr2-KO mice and wild-type littermates, but clamp hepatic glucose production was significantly higher in β-arr2-KO mice (Supplementary Fig. 2d). Whole-body glucose disposal and infusion rates were significantly decreased in β-arr2-KO mice (Supplementary Fig. 2e). These results together demonstrate that β-arr2-KO mice exhibited impaired insulin sensitivity.

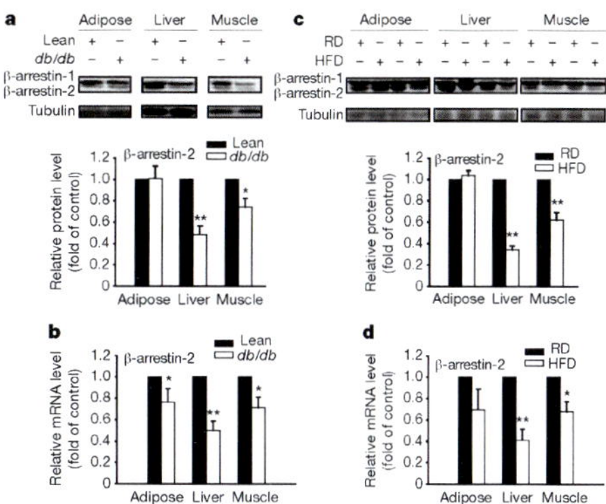

Figure 1 | Downregulation of β-arrestin-2 in diabetic mice. a, b, Immunoblot (**a**) and quantitative RT–PCR (**b**) of β-arrestin expression in adipose tissue, liver and skeletal muscle of lean ($n = 5$) and *db*/*db* mice ($n = 5$). Densitometric analysis is shown. **c, d,** Immunoblot (**c**) and quantitative PCR with reverse transcription (RT–PCR) (**d**) of β-arrestin expression in adipose tissue, liver and skeletal muscle of C57BL/6 mice fed with a regular diet (RD) ($n = 5$) or HFD ($n = 5$). Densitometric analysis is shown. Data are presented as mean and s.e.m. $^*P < 0.05$, $^{**}P < 0.005$, versus control.

[1]Laboratory of Molecular Cell Biology, Institute of Biochemistry and Cell Biology, and Graduate School of the Chinese Academy of Sciences, [2]Shanghai Information Center for Life Sciences, Shanghai Institutes for Biological Sciences, Chinese Academy of Sciences, 200031, Shanghai, China. [3]Department of Endocrinology and Metabolism, Shanghai Jiaotong University Affiliated Sixth People's Hospital; Shanghai Diabetes Institute; Shanghai Clinical Center of Diabetes, 200233, Shanghai, China. [4]Fudan University Affiliated Zhongshan Hospital, 200032, Shanghai, China. [5]School of Life Science and Technology, Tongji University, 200092, Shanghai, China.

2010 年度陈嘉庚地球科学奖

获奖项目

中国含油气盆地构造学

摘要

李德生在中国石油天然气地质构造理论研究中做出重要贡献：提出我国含油气盆地三种基本类型的分类方案——东部拉张型盆地、中部过渡型盆地、西部挤压型盆地；在松辽盆地、渤海湾盆地研究中，提出了“地幔柱隆升”的概念，论述大庆油田、胜利油田等的形成和分布规律；用板块构造学说分析了我国海相和陆相含油气盆地大多具备多旋回叠合盆地属性，并详细解剖了这些盆地古构造、古地理和多套含油气系统特征。李德生的这些论著建立在大量第一性资料基础之上，它们来自实践、形成理论，又反过来有效地指导进一步的油气勘探和开发。

▸ 1990年6月赴美国旧金山，参加第75届AAPG年会，会后考察加州海岸山脉构造地质

◂ 2009年8月，甘肃玉门油田庆祝建设70周年，图为李德生在酒泉东部盆地长沙岭油田长2-2井观察下白垩统下沟组储油砂岩岩心

▾ 中国含油气盆地分布图

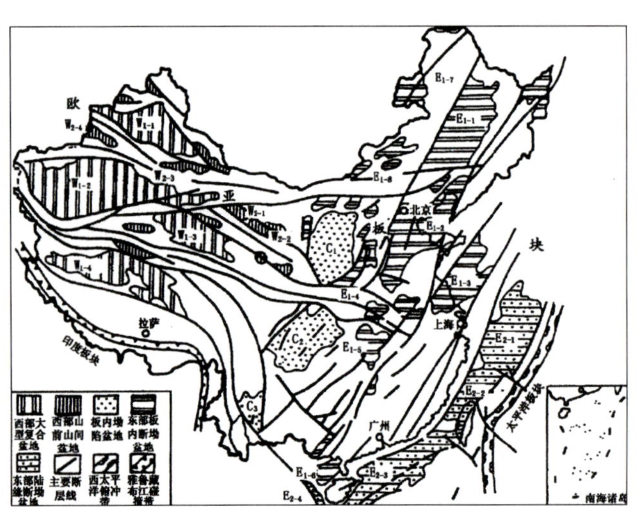

获奖人

李德生

石油地质学家，1922年10月17日出生于上海。1945年中央大学地质系毕业。1945～1977年在中国玉门、台湾、延长、大庆、四川、胜利、大港和任丘等油气田从事现场石油勘探与开发地质工作。1978年以来，任中国石油勘探开发研究院总地质师、教授级高级工程师、博士生导师。1991年当选为中国科学院院士。2001年当选为第三世界科学院院士。

长期致力于石油勘探开发和地质研究工作。在中国陆相石油地质理论、含油气盆地构造类型、储油层对比研究、古潜山油气藏研究、裂缝性储层特征研究和油气田开发研究等方面都做出了重要贡献。在国内外地球科学刊物上发表140余篇论文，以及出版7部中文专著和2部英文专著。

▲ 1945年12月甘肃玉门油矿重磁力勘探队为取得地壳均衡校正参数三次进入祁连山测量，图为李德生攀登祁连山分水岭

▲ 1950年7月陕北石油勘探大队第二地质队在鄂尔多斯盆地陕北黄龙县进行石油地质考察（右一为李德生）

论文1首页（与获奖项目相关的最早发表论文）

石 油 学 报
ACTA PETROLEI SINICA

1982年7月 第 3 期

3.1 中国含油气盆地的构造类型

李 德 生

（石油勘探开发科学研究院）

提 要

中国含油气盆地的基本构造类型有三种：

1. 中国东部含油气盆地——拉张型盆地。在大兴安岭—太行山—长江三峡以东分布有一系列板内断陷—拗陷盆地，其成因机制与上地幔的隆起有关。如渤海湾、苏北、江汉等盆地为多旋回的断陷—拗陷盆地。珠江口是南海扩张盆地的北部陆壳边缘断陷—拗陷盆地。

2. 中国中部含油气盆地——过渡型盆地。鄂尔多斯和四川盆地为板内多旋回拗陷盆地。

3. 中国西部含油气盆地——挤压型盆地。准噶尔、塔里木和柴达木为碰撞挤压带之间的大型卵形复合盆地。乌苏、库车、酒泉和民乐等盆地为山前拗陷盆地。吐鲁番为天山山间盆地。

前 言

中国国土面积为960万平方公里，其中约420万平方公里为未变质的沉积盆地。近海大陆架水深200米以内的面积约130万平方公里。我国适宜于进行石油勘探的沉积盆地总面积共约550万平方公里(图 1)。

根据中国陆地和大陆架岩石圈的厚度和结构可划分为二类地壳：陆壳区和陆壳边缘带。中国陆壳特定的地质发展历史，控制了含油、气盆地的类型、沉积岩的分布和火成岩的活动，影响地温梯度，决定油气生成和运移的时间和油气藏的圈闭类型等。

目前我国年产原油一亿吨主要是在陆壳区(板内)的中、新生代沉积盆地内产出的。陆壳边缘带(包括一部分大陆架)的石油勘探工作尚处于普查和区域勘探阶段。

一、地质发展史

从震旦亚代到新生代，中国的陆地和大陆架经历了比较复杂的地质演化历史。

1. 元古界 中国大陆地壳是由华北、胶辽、扬子和塔里木等古老的基底组成。经受吕梁运动的深成变质作用。到元古代中期，中国北方被海水淹没，沉积震旦亚界海相硅质白云岩为主的地层(地质年龄约19～8亿年前)，最厚达9400米。富含藻类化石具有生油岩的特征。燕山区震旦亚界白云岩和页岩露头有油苗和沥青。冀中平原第三系底部不整合面下的震旦亚

*本文曾在中国石油学会1981年9月在长沙举行的第二次年会上宣读。

论文2首页（与获奖项目相关的最具代表性论文）

第7卷 第1期
2002年3月

海相油气地质

勘探·评价

3.2 中国西北地区沉积盆地石油地质

李德生　何登发

（中国石油勘探开发研究院）

摘　要　中国近代石油工业创始于西北地区诸含油气盆地。近年来，由于国家西部大开发的发展战略，使西北地区的勘探活动又重新活跃起来。在中国西北含油气盆地内，古生界海相沉积和中、新生界陆相沉积都有生成油气的烃源岩。塔里木、准噶尔、柴达木、吐鲁番和酒泉等主要沉积盆地动力学演化史可划分为三个旋回，每一旋回都经历了由伸展到聚敛的完整演化过程。中国西北地区含油气前景看好，随着勘探工作的进展，将会在此区继续发现一些大、中型的油、气田。

关键词　中国西北　沉积盆地　石油地质　构造演化　地球动力学

1　石油勘探与开采现状

中国西北地区泛指位于狼山—贺兰山—六盘山以西、昆仑山—秦岭以北，西、北端延至国境线的大片区域，面积达 270×10^4 km^2（图1）。区域内山系纵横，沉积盆地夹持于其间，形成盆地与山链镶嵌分布的面貌。该地区的主要含油气盆地为准噶尔盆地、塔里木盆地、柴达木盆地、吐鲁番盆地和酒泉盆地等。近年来，在西部大开发的方针指引下，西北地区各含油气盆地又成为中国石油工业重要的勘探前沿地区。经过数字地震资料的采集和数百口新探井的钻探，在塔里木、准噶尔、吐鲁番、柴达木和酒泉盆地内均发现了一批新油气田。

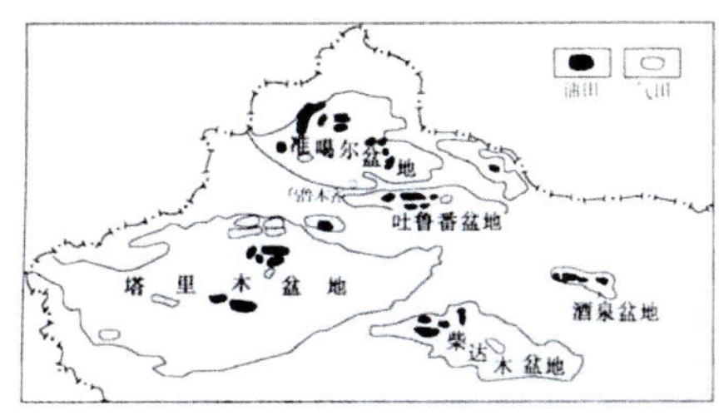

图1　中国西北地区沉积盆地与油田分布概图

（1）准噶尔盆地面积为 13×10^4 km^2，夹持在北面的阿尔泰山和南面的天山之间。目前已探明19个油田和1个气田，开发了其中18个油田（包括克拉玛依大油田）[1]。2000年盆地内原油年产量为 920×10^4 t，天然气年产量为 16×10^8 m^3（图2）。

（2）塔里木盆地面积为 56×10^4 km^2，是中国内陆地区最大的盆地。北有天山，南有昆仑山，东南为阿尔金山（图3）。盆地中央分布有面积达 33×10^4 km^2 的塔克拉玛干大沙漠。近几年中国石油天然气集团公司和中国石化集团新星石油公司在此展开了紧张的勘探工作，已探明16个油田和16个气田，开发了其中的12个油田和2个气田[2]。2000年盆地内原油年产量为 628×10^4 t，天然气年产量为 10×10^8 m^3。

（3）吐鲁番盆地面积为 4.8×10^4 km^2，夹持在北面的博格达山和南面的觉鲁塔格山之间。自1989年发现工业油流以来，已探明20个油田和1个气田，开发了其中的14个油田和1个气田[3]。2000年盆地内原油年产量为 285×10^4 t，天然气年产量为 9×10^8 m^3（图4）。

（4）柴达木盆地，面积 12×10^4 km^2，北为阿尔金山和祁连山，南面是昆仑山。盆地内海拔高达3000 m左右，勘探工作有一定困难。自1954年开展石油勘探

· 李德生　中国科学院院士，中国石油勘探开发研究院教授，博士生导师。主要从事石油地质与含油气盆地构造研究工作。通讯地址：100083 北京市910信箱

2010 年度陈嘉庚技术科学奖

获奖项目

人居环境科学

摘要

吴良镛创造性地提出“人居环境科学”理论体系。人居环境科学以建筑、城市规划与园林为核心，整合地理、生态、社会、工程等相关学科，构建有中国特色的科学体系，丰富、拓展了建筑学与城市规划学等学术领域。人居环境科学理论针对建设实践需求，尊重中国历史传统与文化价值，为当代大规模城乡空间建设提供科学指导。吴良镛负责起草的国际建协的《北京宪章》引导了建筑师、规划师全方位地认识人居环境问题，为世界人居环境建设提供了指引。

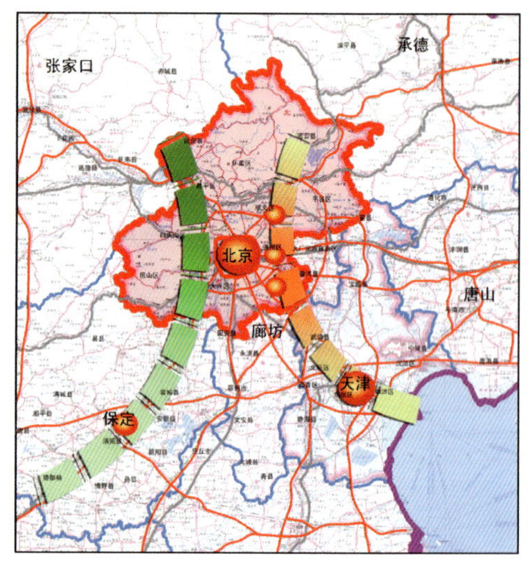

获奖人

吴良镛

城市规划及建筑学家，1922年5月7日生于江苏南京。1944年毕业于重庆中央大学建筑系，获工学学士。1948年赴美国匡溪艺术学院建筑与城市设计系学习，1949年获建筑与城市设计专业硕士学位。中国科学院院士，中国工程院院士。现任清华大学建筑与城市研究所所长，清华大学人居环境研究中心主任。

长期致力于中国城市规划设计、建筑设计、园林景观规划设计的教学、科学研究与实践工作。创造性提出广义建筑学理论和人居环境科学理论，起草《北京宪章》，并出版《广义建筑学》、《人居环境科学导论》、《京津冀地区城乡空间发展规划研究》、《中国城乡发展模式转型的思考》等著作。

- 京津冀区域空间发展示意图
- 北京菊儿胡同改造
- 吴良镛教授与学生交流
- 实地与老百姓调研

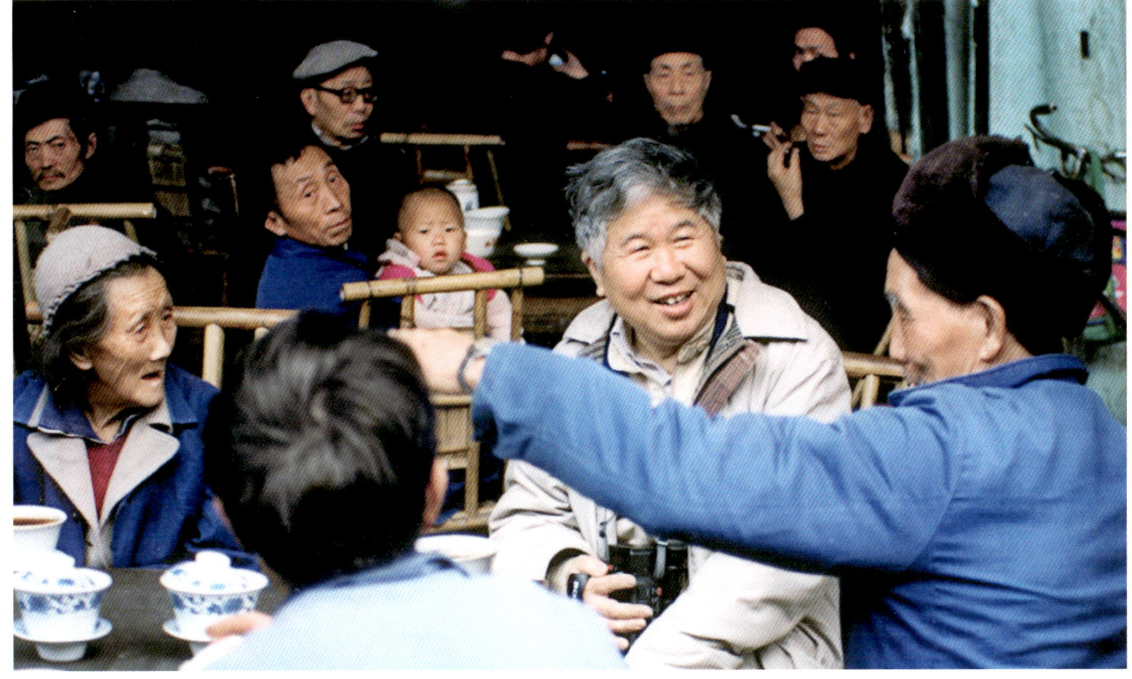

关于人居环境科学

□ 吴良镛

学科发展背景

1、从全球的城市化谈起

城市化一般是指人口向城市地区集中和农村地区转变为城市地区的过程。这一过程促使城市数目增多，各个城市人口和用地规模扩大，从而不断提高城市人口在总人口中的比重。因此，城市人口变动是城市化的重要标志之一。但是这样阐述是不完善的，因为城市化是非常复杂的现象，而我们不能仅仅用简单的增长率和比较人口数量的方式来描述人口从乡村向城市的运动过程。

西方工业革命从18世纪中叶开始，城市化的进程随之加快，大城市兴起，城市问题日益增多，人们逐渐意识到城市问题的严重性。

本世纪以来，世界城市化的进程更快，城市功能向多样性、综合性发展，城市内外空间组织结构也起了变化，城市密集地区开始形成。

二十世纪末，世界进入城市化新的转折点，这主要表现在：

——城市人口的数量越来越多，预计到2000年全球将有二分之一的人口居住在城市地区；

——财富在城镇地区进一步集中，经济活动日益国际化；

——世界正从工业社会向信息社会过渡，而现代城市是信息传播的中心；

——城市普遍存在着过度拥挤、环境恶化、住房短缺、社会混乱等问题，城镇居民愈加向往创造一个舒适宜人的城市生活环境；

——广大发展中国家的农村居住环境继续处于贫穷与落后的境地。

2. 学术思想的发展

全球城市化的总趋势与社会经济发展同步，这是生产力发展的必然。

城市化带来了环境的变迁，但环境的恶化是人类还不善于治理环境的结果，需要积极寻找解决问题的对策。

从100年前城市规划学的先驱酝酿“田园城市理论”与“区域观念”起，居住环境的观念逐渐受到关注，而后有关居住环境的各种学说兴起。1950/60年代希腊学者C. Doxiadis，不满足现行的建设方式和学科的成果，认为当代一般研究的缺陷是：

(1)在认识上的第一个错误是缺乏综合性——人们仍然坚持把现代城市看成由市长所管辖的那些地域，人们在考虑我们的生活系统时总是试图把某些部分孤立起来，把注意力集中在单个的城市病状上面，而不去研究产生这些疾病的原因，没有认识到我们所生活的城市是一个由许多互相连接的聚落所构成的城市体系；

(2)在认识上的第二个错误是现代科学技术发展过度专业化的倾向，常是顾此失彼，以偏概全。

Doxiadis 建议创立一门以人类聚居为

论文2首页（与获奖项目相关的最具代表性论文）

世纪之交展望建筑学的未来

——国际建协第20届大会主旨报告

吴良镛

中国《老子·道德经》中有句话："反者道之动"，就是说回顾、总结过去有助于认识真理，激励将来。如今，我们即将跨越千年的门槛，进入新世纪，尽管一时我们还难以做一个广阔深远的"千年反思"，但是对近百年来建筑的发展作一番探索，以清醒地认识过去和当前情况，并看清未来的道路，这还是有可能也很有必要的，这也正是国际建协第20届建筑师大会所担负的，庄严而艰巨的历史使命。

1 20世纪建筑成就辉煌

20世纪是人类发展史上伟大而进步的时代，建筑学也以其独特的方式载入了史册，工业化为人类创造了巨大的财富，技术和艺术创新造就了丰富的建筑设计作品；无论在和平建设还是在医治战争的创伤中，建筑师都造福大众，成就卓越，意义深远。

1.1 建设的成就

1.1.1 建筑的发展

在20世纪，新技术、新材料、新设备的运用，随着社会生活的需要，产生了新的建筑类型。

在20世纪，建筑名匠辈出，他们对新事物充满敏感和创意，各领风骚，给人们生活的世界带来异彩。

在20世纪，建筑名作广布，在地球上的各个角落，都留有一个又一个"里程碑"。

1.1.2 城市的发展

城市是逐渐形成的人类文化集合体，是错综复杂的功能、技术的最高表现形式。人类为了生活得更加美好，聚居于城市，弘扬科学文化，提高生产力。在19世纪，城市成为各种生理、社会疾病的渊薮。进入20世纪，大都市的光彩璀璨夺目，城市有了大的发展，城市人口急剧增加，本世纪末将达到全球人口总数的1/2，是世界人口增长速度的3倍。

1.2 理论上的成就

近代建筑学、近代城市规划学、近代园林学（地景学）都是从本世纪初开始构架的[1]，如今学派纷呈，思想活跃，百花齐放，应接不暇。

在20世纪，在建筑领域出现现代主义运动，这不仅是对科学方法的应答，也是现代艺术与其他领域发明创造的相互融合，在本世纪的上半叶，它具有划时代的意义。

在人类历史上，长期以来，主观判断始终是建筑设计和城市设计的主导因素，但是到了20世纪里它已让位于科学方法和理性思维，现代建筑以其功能主义向古典学派挑战（包括功能城市的思想理论等等），尽管后来的缺点与局限也逐步暴露，但是其功不可没。

20世纪的专业工作者适应社会需要，以自己的聪明睿智，著书立说，代表了我们时代的进步。例如，在1896年出版《建筑历史》（B. Fletcher，"A History of Architecture"）[2]经不断改写，百年充实，如今已出了20版；在世纪末，为迎接国际建协第20届大会世界建筑师大会的召开，又以集体的努力，在较短的时间内，编著了《20世纪建筑精华》这样的宏篇巨著。可以说，它们先后交相辉映。在此，请容许我对这一宏举的发起者、组织者张钦楠先生等、以及本书的主篇K. Frampton教授等表示敬意。当然，辉煌的建筑文献汗牛充栋，20世纪建筑发展的进程、成就、经验与教训十分值得认真的总结。

2 20世纪的建设发展尚存缺憾

世界并非全然美好。战争、破坏与和平建设在交替进行，不仅破坏了建筑环境，也残酷地毁坏着人类赖以生存的自然环境。

2.1 当20世纪进入下半叶，建筑发展危机迫在眉睫

面对世界人口爆炸、森林农田被吞噬、环境质量日见恶化，环境祸患正威胁人类。建筑师将如何通过人居环境建设，为人类的生存和繁衍作出自身的贡献？

在下一世纪，城市居民的数量将首次超过农业人口，"城市时代"名副其实，有人称当今是"城市革命"的世纪。[3]然而，经过精心设计的城市既成果辉煌又问题重重；交通堵塞、居住质量低劣等城市问题日益恶化。我们怎样才能应对城市问题？传统的建筑观念还能否适应城市发展的大趋势？

技术的建设力和破坏力同时增加。技术改变了人类的生活，也改变了人和自然的关系，怎样才使技术这把"双刃剑"更好地为人类所用，而不造成祸患？

技术和生产方式的全球化带来了人与传统地域空间的分离，地域文化的特色渐趋衰微；标准化的商品生产致使建筑环境趋同，设计平庸，建筑文化的多样性遭到扼杀。建筑师如何正视这些现象？如何才能使建筑之文化魂重新

2012年度陈嘉庚科学奖获奖项目及获奖人

2012年度陈嘉庚科学奖推荐工作从2011年1月初正式启动，至3 月31日截止。此次推荐工作采取理事长邀请推荐与专家网上注册推荐相结合的方式进行。 基金会办公室向推荐专家发送了《关于推荐2012 年度陈嘉庚科学奖和陈嘉庚青年科学奖的通知》及基金会理事长签名的推荐邀请信，合计1800余份，发送范围覆盖两院院士、中国科学院院属研究所所长、“211”大学校长、部分“973”专家和“863”专家，以及其他知名专家， 23位专家自行注册并推荐了候选项目或候选人。截至2011 年3 月31 日，基金会办公室共收到陈嘉庚科学奖推荐材料66份，共涉及55个候选项目（数理科学奖3项、化学科学奖5项、生命科学奖20项、地球科学奖14项、信息技术科学奖5项、技术科学奖8项）。2011年4月28日和5月11日分别召开了第四届评奖委员会主任联席会议和第二届理事会第五次会议，审议确定了陈嘉庚科学奖有效推荐项目42个（数理科学奖1项、化学科学奖3项、生命科学奖17项、地球科学奖12项、信息技术科学奖4项、技术科学奖5项）。第二届理事会第五次会议还进一步明确陈嘉庚科学奖奖励具有中国自主知识产权的重要原创性科学技术成果；进一步明确陈嘉庚科学奖需由相关领域的教授、研究员或同等专业技术职务的专家推荐。

2011年6月13～24日，陈嘉庚科学奖各评奖委员会分别召开了有效候选奖项评审会议，产生12个有效候选奖项（数理科学奖1项、化学科学奖2项、生命科学奖4项、地球科学奖2项、信息技术科学奖1项、技术科学奖2项）。根据有效候选奖项评审会议上各评奖委员会提供的同行评审专家名单，基金会办公室补充、核实了专家相关信息。 经各评奖委员会正、副主任审定后，于8月10 ～11日通过评审系统分别向国内外专家发送了中、英文评审邀请信。根据同行评审专家的评审意见，产生了11个初步候选奖项（数理科学奖1项、化学科学奖2项、生命科学奖4项、地球科学奖2项、信息技术科学奖1项、技术科学奖1项）。2011年10～11月，陈嘉庚科学奖各评奖委员会分别召开评审会议，投票产生了5个陈嘉庚科学奖正式候选奖项（数理科学奖1项、化学科学奖1项、生命科学奖1项、信息技术科学奖1项、技术科学奖1项）。

2011年12月1日，陈嘉庚科学奖基金会第二届理事会第六次会议对各评奖委员会评审选出的5个陈嘉庚科学奖正式候选奖项进行了审议，投票产生了4个陈嘉庚科学奖正式获奖项目，分别为：数理科学奖获奖项目“高质量拓扑绝缘体的外延生长和量子现象研究”，获奖科学家为清华大学薛其坤教授、陈曦教授和中国科学院物理研究所马旭村研究员；化学科学奖获奖项目“基于派-共轭分子的有机功能材料的研究”，获奖科学家为中国科学院化学研究所朱道本研究员；生命科学奖获奖项目“肝癌早期诊断、早期治疗与转移的研究”，获奖科学家为复旦大学汤钊猷教授；信息技术科学奖获奖项目“可扩展并行计算机技术”，获奖科学家为国防科学技术大学杨学军教授。

为了进一步规范推荐评审工作，提高工作效率，基金会在上次评奖结束后就启动了基金会推荐、评审与管理系统的建设，因此，该年度的推荐和通信评审工作完全是在网络上进行的。在给受邀推荐专家发送邀请信的同时，也通过推荐系统发送推荐专家的用户名和密码，未受邀请的专家可自助注册推荐。一方面拓展了推荐渠道，增加了推荐的公平性；另一方面也体现了基金会活动的公益性和开放性。采取网上推荐和评审后，不仅会议材料可以从系统自动导出，也不用再给通信评审专家寄送纸质材料，基金会的工作质量和效率都大大提高了。虽然2012年度还增加了陈嘉庚青年科学奖的推荐和评审，工作量较往年增加一倍，但评奖工作较上届提前两个月完成。更重要的是，系统为我们实时了解推荐和评审情况，进而掌握工作的主动权提供了极大方便。

2012 年度陈嘉庚数理科学奖

获奖项目

高质量拓扑绝缘体的外延生长和量子现象研究

摘要

拓扑绝缘体是一类体电子态为绝缘体而表面电子态为导体的材料，有望成为未来自旋电子学和量子计算器件的基础。获奖项目组在三维拓扑绝缘体薄膜的外延生长和电子结构研究方面取得一系列进展：在国际上首次建立了在不同单晶衬底上高质量拓扑绝缘体薄膜的分子束外延生长动力学，为理论预言的量子反常霍尔效应、巨热电效应和激子凝聚等效应的研究提供了物质基础；观察到薄膜表面电子在原子台阶和杂质附近散射形成的驻波及表面金属态的朗道量子化，证明了受时间反演对称性保护的拓扑绝缘体表面态的存在及其二维无质量的狄拉克费米体系的特性；观察到不随磁场变化的零级朗道能级，这意味着拓扑绝缘体中存在着半整数量子化霍尔效应；观察到拓扑绝缘体薄膜两个表面上的拓扑态可以发生耦合，从而使得原来无能隙的表面态打开一个能隙，这对发展新的自旋电子器件具有指导意义。这些工作极大地推动了拓扑绝缘体领域的研究，在国际上受到广泛关注，使中国成为目前世界上进行拓扑绝缘体研究的最有影响力的中心之一。

薛其坤、陈曦、马旭村与扫描隧道显微镜发明人之一——诺贝尔物理奖获得者Heinrich Rohrer博士

获奖人

薛其坤

物理学家，1963年12月出生于山东，1994年在中国科学院物理研究所获得博士学位，1994～1999年在日本东北大学金属材料研究所任助手，1996～1997年在美国北卡莱罗纳州立大学物理系任访问助理教授，1999～2007年任中国科学院物理所研究员，1999～2005年任表面物理国家重点实验室主任，2005年受聘为教育部长江特聘教授、任清华大学物理系教授，2010年起任清华大学理学院院长、物理系主任，2011年起任低维量子物理国家重点实验室主任，现任清华大学副校长。1997年获得国家杰出青年科学基金，1998年入选中国科学院“百人计划”，2005年当选中国科学院院士，2005年和2011年两度获得国家自然科学二等奖，2006年获得何梁何利科学与技术进步奖，2011年获得发展中国家科学院物理奖，2011年获得“求是”杰出科技成就集体奖。研究领域是实验凝聚态物理。研究成果入选2010年和2011年中国高等学校十大科技进展及2010年中国科学十大进展。发表学术论文340余篇，其中Science 5篇，Nature系列8篇，PNAS 2篇，PRL 31篇，文章被引用6400余次。在重要国际会议做邀请报告100余次，其中包括4次美国物理学会年会邀请报告。

获奖人

陈曦

1970年10月出生，1993年本科毕业于清华大学物理系，2004年于美国Cornell大学物理系获博士学位，2006年起在清华大学物理系任助理教授，2010年起任教授。2010年获国家杰出青年科学基金。2011年获国家自然科学二等奖和“求是”杰出科技成就集体奖。研究成果分别入选2010年中国高等学校十大科技进展和中国科学十大进展，以及2011年中国高等学校十大科技进展。研究领域是实验凝聚态物理。

获奖人

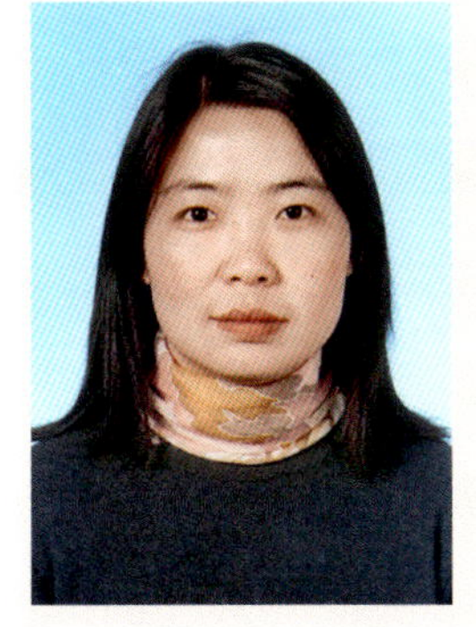

马旭村

1971年11月出生，1992年7月北京大学化学系本科毕业，1997年7月中国科学院青海盐湖研究所化学专业硕士毕业，2000年7月中国科学院物理研究所凝聚态物理专业博士毕业。2000～2002年在德国马普学会微结构物理研究所做博士后研究。2003年至今在中国科学院物理所表面物理国家重点实验室工作，现任中国科学院物理所研究员。曾获得2005年度和2011年度中国科学院杰出科技成就集体奖、2008年北京市科学技术一等奖、2010年国家杰出青年基金、2011年“求是”杰出科技成就集体奖、2011年国家自然科学二等奖（两项）。研究领域是实验凝聚态物理。

论文1首页（与获奖项目相关的最早发表论文）

Experimental Demonstration of Topological Surface States Protected by Time-Reversal Symmetry

Tong Zhang,[1,2] Peng Cheng,[1] Xi Chen,[1,*] Jin-Feng Jia,[1] Xucun Ma,[2] Ke He,[2] Lili Wang,[2] Haijun Zhang,[2] Xi Dai,[2] Zhong Fang,[2] Xincheng Xie,[2] and Qi-Kun Xue[1,2,†]

[1]*Department of Physics, Tsinghua University, Beijing 100084, China*
[2]*Institute of Physics, Chinese Academy of Sciences, Beijing 100080, China*
(Received 20 August 2009; published 23 December 2009)

We report direct imaging of standing waves of the nontrivial surface states of topological insulator Bi_2Te_3 using a scanning tunneling microscope. The interference fringes are caused by the scattering of the topological states off Ag impurities and step edges on the $Bi_2Te_3(111)$ surface. By studying the voltage-dependent standing wave patterns, we determine the energy dispersion $E(k)$, which confirms the Dirac cone structure of the topological states. We further show that, very different from the conventional surface states, backscattering of the topological states by nonmagnetic impurities is completely suppressed. The absence of backscattering is a spectacular manifestation of the time-reversal symmetry, which offers a direct proof of the topological nature of the surface states.

DOI: 10.1103/PhysRevLett.103.266803 PACS numbers: 73.20.−r, 68.37.Ef, 72.10.Fk, 72.25.Dc

The strong spin-orbital coupling in a certain class of materials gives rise to the novel topological insulators in two [1,2] and three dimensions [3–7] in the absence of an external magnetic field. The topological states on the surfaces of three-dimensional (3D) materials have been studied recently in $Bi_{1-x}Sb_x$ [6,8,9], Bi_2Te_3, and Bi_2Se_3 [7,10–13], which possess insulating gaps in the bulk and gapless states on surfaces. The surface states of a 3D topological insulator are comprised of an odd number of massless Dirac cones, and the crossing of two dispersion branches with opposite spins is fully protected by the time-reversal symmetry at the Dirac points. Such spin-helical states are expected to bring forward exotic physics, such as magnetic monopole [14] and Majorana fermions [15,16]. To date, the experimental study of topological insulators is predominantly limited to the determination of their band structure by angle-resolve photoemission spectroscopy (ARPES) [8–13]. Distinct quantum phenomena associated with the nontrivial topological electronic states still remain unexplored. Particularly, there is no direct experimental evidence for the time-reversal symmetry that protects the topological property. Here, using the low temperature scanning tunneling microscopy (STM) and spectroscopy (STS), we report the direct observation of quantum interference caused by scattering of the 2D topologically nontrivial surface states off impurities and surface steps. Our work strongly supports the surface nature of the topological states and provides a way to study the spinor wave function of the topological state. More significantly, we find that the backscattering of topological states by a nonmagnetic impurity is forbidden. This result directly demonstrates that the surface states are indeed quantum mechanically protected by the time-reversal symmetry.

The interference patterns in STM experiments [17–20] result from the 2D surface states perturbed by surface defects. A surface state is uniquely characterized by a 2D Bloch wave vector $\vec{k}$ within the surface Brillouin zone (SBZ). During elastic scattering, a defect scatters the incident wave with a wave vector $\vec{k}_i$ into $\vec{k}_f = \vec{k}_i + \vec{q}$, with $\vec{k}_i$ and $\vec{k}_f$ being on the same constant-energy contour (CEC). The quantum interference between the initial and final states results in a standing wave pattern whose spatial period is given by $2\pi/q$. When the STM images of a

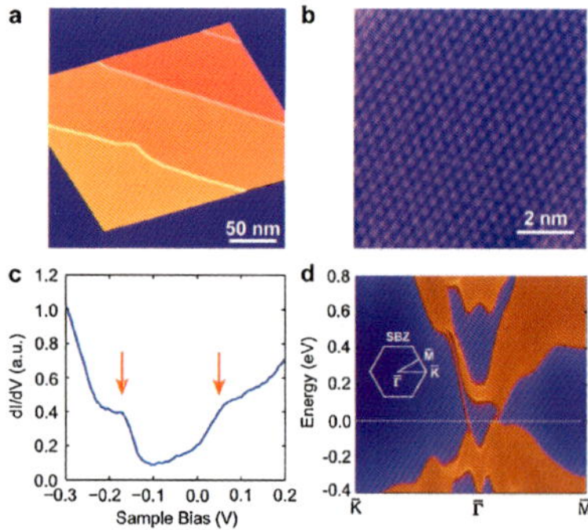

FIG. 1 (color online). (a) The STM topograph (250 nm × 250 nm) of the $Bi_2Te_3(111)$ film. Imaging conditions: $V = 3$ V, $I = 50$ pA. (b) The atomic-resolution image (−40 mV, 0.1 nA). Tellurium atom spacing is about 4.3 Å. (c) dI/dV spectrum taken on bare $Bi_2Te_3(111)$ surface. Set point: $V = 0.3$ V, $I = 0.1$ nA. The arrows indicate the bottom of conduction band (right) and the top of valence band (left), respectively. (d) Calculated band structure of $Bi_2Te_3(111)$ along high-symmetry directions of SBZ (see the inset). The lines around the $\bar{\Gamma}$ point in the energy gap are the surface states.

论文2首页（与获奖项目相关的最具代表性论文）

Selected for a Viewpoint in *Physics*

PRL **105,** 076801 (2010) PHYSICAL REVIEW LETTERS week ending 13 AUGUST 2010

Landau Quantization of Topological Surface States in Bi_2Se_3

Peng Cheng,[1] Canli Song,[1] Tong Zhang,[1,2] Yanyi Zhang,[1] Yilin Wang,[2] Jin-Feng Jia,[1] Jing Wang,[1] Yayu Wang,[1] Bang-Fen Zhu,[1] Xi Chen,[1,*] Xucun Ma,[2,†] Ke He,[2] Lili Wang,[2] Xi Dai,[2] Zhong Fang,[2] Xincheng Xie,[2] Xiao-Liang Qi,[3,4] Chao-Xing Liu,[4,5] Shou-Cheng Zhang,[4] and Qi-Kun Xue[1,2]

[1]*Department of Physics, Tsinghua University, Beijing 100084, China*
[2]*Institute of Physics, Chinese Academy of Sciences, Beijing 100190, China*
[3]*Microsoft Research, Station Q, University of California, Santa Barbara, California 93106, USA*
[4]*Department of Physics, Stanford University, Stanford California 94305, USA*
[5]*Physikalisches Institut, Universität Würzburg, D-97074 Würzburg, Germany*
(Received 25 May 2010; published 9 August 2010)

We report the direct observation of Landau quantization in Bi_2Se_3 thin films by using a low-temperature scanning tunneling microscope. In particular, we discovered the zeroth Landau level, which is predicted to give rise to the half-quantized Hall effect for the topological surface states. The existence of the discrete Landau levels (LLs) and the suppression of LLs by surface impurities strongly support the 2D nature of the topological states. These observations may eventually lead to the realization of quantum Hall effect in topological insulators.

DOI: 10.1103/PhysRevLett.105.076801 PACS numbers: 73.20.−r, 68.37.Ef, 71.70.Di, 72.25.Dc

The recent theoretical prediction and experimental realization [1–14] of topological insulators (TI) have generated intense interest in this new state of quantum matter. The surface states of a three-dimensional (3D) TI such as Bi_2Se_3 [12], Bi_2Te_3 [13], and Sb_2Te_3 [14] consist of a single massless Dirac cone [9]. Crossing of the two surface state branches with opposite spins in the materials is fully protected by the time-reversal (TR) symmetry at the Dirac points, which cannot be destroyed by any TR invariant perturbation. Recent advances in thin-film growth [15,16] have permitted this unique two-dimensional electron system (2DES) to be probed by scanning tunneling microscopy (STM) and spectroscopy (STS) [17]. The intriguing TR symmetry protected topological states were revealed in STM experiments where the backscattering induced by nonmagnetic impurities is forbidden [17–19]. Here we report the Landau quantization of the topological surface states in Bi_2Se_3 in magnetic field by using STM and STS. The direct observation of the discrete Landau levels (LLs) and the suppression of LLs by surface impurities strongly support the 2D nature of the topological states. Furthermore, the dependence of LLs on magnetic field is demonstrated to be consistent with the cone structure of the surface states. The formation of LLs also implies the high mobility of the 2DES, which has been predicted to lead to topological magnetoelectric effect of the TI [7,20].

The experiments were conducted at 4.2 K in a Unisoku ultrahigh vacuum low-temperature STM system equipped with molecular beam epitaxy (MBE) for film growth. As shown in previous works [15,16], the MBE films of TI have lower carrier density than those prepared by the self-flux technique. We epitaxially grew the single crystalline Bi_2Se_3 films on graphitized $6H-\mathrm{SiC}(0001)$ substrate, which is nitrogen doped (n type) with a resistivity of 0.03 Ω/cm and thickness of 0.1 mm. The graphene was grown on SiC by thermal desorption of silicon at 1300 °C after the sample had been heated to 850 °C in Si flux for several cycles to form Si-rich 3×3 reconstruction. High purity Bi (99.999%) and Se (99.999%) were thermally evaporated from Knudsen cells. The temperatures of the Bi source, the Se source, and the substrate are 455, 170, and 230 °C, respectively. Figure 1(a) shows a typical STM image of the atomically flat Bi_2Se_3 film with a thickness of 50 quintuple layers (QL) grown by MBE. The steps on the surface are preferentially oriented along the close-packing directions and have the height (0.95 nm) of a quintuple layer. The atomically resolved STM image [Fig. 1(b)] exhibits the hexagonal lattice structure of the Se-terminated (111) surface of Bi_2Se_3 [21–23]. The STM images reveal a very small density of defects (approximately 1 per 50 nm^2) on the surface. Most of the defects [Fig. 1(c)] are either clover-shaped protrusions [21–23] or triangular depressions, which can be assigned to the substitutional Bi defects at Se sites or the Se vacancies, respectively.

In STS, the differential tunneling conductance dI/dV measures the local density of states (LDOS) of electrons at energy eV, where $-e$ is the charge on an electron. Figure 1(d) shows the dI/dV spectrum on the Bi_2Se_3 surface at zero magnetic field. The Dirac point of the topological states corresponds to the minimum (indicated by an arrow) of the spectrum and is about 200 meV below the Fermi level. However, the Fermi level determined by angle-resolved photoemission spectroscopy (ARPES) [16] on 50 QL film is only 120 meV above the Dirac point [24]. The discrepancy is due to the electrostatic induction by the electric field between the STM tip and sample, which has been observed in 2D systems with low electron

2012 年度陈嘉庚化学科学奖

获奖项目

基于派-共轭分子的有机功能材料的研究

摘要

具有光、电、磁等特殊功能的分子材料及基于这些材料的新型器件的研究是目前迅速发展的重要研究领域，基于此的一个新兴技术产业——有机电子工业正在兴起。在此领域中，发展新的功能分子体系，研究其结构、功能之间的关系，探索有机分子材料中重要物理过程是最重要和基础的研究内容。朱道本教授用实验和理论相结合的方法重点揭示了分子的结构、分子间非成键相互作用对载流子输运性能等光、电特性的影响，以及分子能级和分子重组能的调控对材料稳定性和电荷输运性能的影响，并开展了对材料界面问题的研究，得到了一批具有优异综合性能的有机光电功能材料。

获奖人

朱道本

化学家，1942年生于上海。1968年华东理工大学研究生毕业，并加入中国科学院化学研究所工作至今，期间分别于1977～1979年和1985～1986年作为访问学者和教授赴德国海德堡马普医学研究所学习和工作。现为中国科学院化学研究所研究员，有机固体院重点实验室主任。1997年当选中国科学院院士。2009年当选第三世界科学院院士。目前的研究领域为分子材料和器件。

对中国的相关研究、学术机构和科学基金的发展做出了积极贡献，曾担任国家自然科学基金委员会副主任（2000～2007年），中国科学院化学研究所副所长（1988～1992年）和所长（1992～2000年），中国化学会理事长，中国材料学会副理事长等职。亚太材料学院院士，英国皇家化学会会士和韩国化学会荣誉会员。担任《应用物理A》和《亚洲化学》编委，《大分子快讯》和《高分子综述》国际顾问等职。曾获得四次国家自然科学二等奖（1988年、2002年、2004年和2007年）。

- ▼随白春礼院长带领的中国科学院代表团在美国进行学术访问交流
- ▶在第十届国际π功能会议期间主持报告
- ▲在国际学术会议上主持诺贝尔奖获得者J.M.Lehn的报告
- ▼向中国科学院前院长路甬祥介绍实验室研究工作

论文1首页（与获奖项目相关的最早发表论文）

Published on Web 08/25/2005

Structures, Electronic States, and Electroluminescent Properties of a Zinc(II) 2-(2-Hydroxyphenyl)benzothiazolate Complex

Gui Yu, Shiwei Yin, Yunqi Liu,* Zhigang Shuai, and Daoben Zhu*

Contribution from the Center for Molecular Science, Institute of Chemistry, Chinese Academy of Sciences, Beijing 100080, P. R. China

Received July 9, 2003; E-mail: liuyq@iccas.ac.cn

Abstract: Bis(2-(2-hydroxyphenyl)benzothiazolate)zinc ($Zn(BTZ)_2$) is one of the best white electroluminescent materials used in organic light-emitting diodes (LEDs). Despite a large number of studies devoted to this complex, very little is known about its basic molecular and electronic structures and electron transport properties in LEDs. Therefore, we investigate the structures and electroluminescent properties. The unsolvated single crystal of $Zn(BTZ)_2$ was grown and its crystalline structure was determined from X-ray diffraction data. The crystal is triclinic, space group *P*-1, $a = 9.4890(19)$ Å, $b = 9.5687(19)$ Å, $c = 11.685(2)$ Å, $\alpha = 84.38(3)°$, $\beta = 78.94(3)°$, $\gamma = 83.32(3)°$. The structure of the chelate is dimeric $[Zn(BTZ)_2]_2$ with two isotropic Zn^{2+} ion centers having five-coordinate geometry. The present study provides direct evidence for the sole existence of dimeric structure in the powder and the thin film. The dimer is energetically more stable than the monomer. Analysis of the electronic structure of $[Zn(BTZ)_2]_2$ calculated by density functional theory reveals a localization of orbital and the distribution of four orbital "tetrads". The structural stabilities of both anion and cation and the distribution of the hole in the cation and that of the excess electron in the anion are discussed in terms of theoretical calculations. Strong intermolecular interaction may be expected to enable good electron transport properties as compared with tris(8-hydroxyquinolinato)aluminum.

Introduction

Since the reports by C. W. Tang[1] and J. H. Burroughes,[2] organic and polymer light-emitting diodes (LEDs) have received considerable attention due to their potential application in various displays.[3−8] The organic and polymer devices offer the clear advantages over inorganic counterparts, such as low cost and high luminous efficiency. These devices are able to produce all emission colors in accordance with a wide selection of organic emitting materials. Emitting materials for organic LEDs can be classified into three types according to their molecular structures: organic dyes,[9] chelate metal complexes,[1] and polymers.[2] Motivated by the success of tris(8-hydroxyquinolinato)aluminum (Alq_3) in vacuum-deposited LEDs, organic chelate metal complexes have in particular attracted a lot of attentions.[10−12] Organic metal complexes offer many attractive properties such as displaying a double role of electron transport and light emission, higher environmental stability, ease of sublimation, and a much greater diversity of tunable electronic properties by virtue of the coordinated metal center. The major drawback of the metal complexes, however, is their low electron transport ability. A typical cell structure for multilayer organic LEDs is the following: an anode (indium tin oxide (ITO) on a glass substrate)/a hole transport layer/a light emitting layer/an electron transport layer/a cathode.[1] Electrons from the cathode and holes from the anode travel through the transport layer until they form an exciton that decays, giving rise to electroluminescence. Therefore, balance of carrier injection and transport are necessary to obtain highly effective LEDs. Alq_3 is one of the best known electron transport materials with high mobility. However, the mobility of Alq_3 is lower than that of hole

* Corresponding authors.

(1) Tang, C. W.; Vanslyke, S. A. *Appl. Phys. Lett.* **1987**, *51*, 913.
(2) Burroughes, J. H.; Bradly, D. D. C.; Broun, A. R.; Marks, R. N.; Mackay, K.; Friend, R. H.; Burn, P. L.; Holmes, A. B. *Nature* **1990**, *347*, 539.
(3) Gustafsson, G.; Cao, Y.; Treacy, G. M.; Klavetter, F.; Colaneri, N.; Heeger, A. J. *Nature* **1992**, *357*, 477.
(4) (a) Baldo, M. A.; O'Brien, D. F.; You, Y.; Shoustikov, A.; Sibley, S.; Thompson, M. E.; Forrest, S. R. *Nature* **1998**, *395*, 151. (b) Baldo, M. A.; Lamansky, S.; Burrows, P. E.; Thompson, M. E.; Forrest, S. R. *Appl. Phys. Lett.* **1999**, *75*, 4. (c) Baldo, M. A.; Thompson, M. E.; Forrest, S. R. *Nature* **2000**, *403*, 750. (d) Tamayo, A. B.; Alleyne, B. D.; Djurovich, P. I.; Lamansky, S.; Tsyba, I.; Ho, N. N.; Bau, R.; Thompson, M. E. *J. Am. Chem. Soc.* **2003**, *125*, 7377. (e) Sudhakar, M.; Djurovich, P. I.; Hogen-Esch, T. E.; Thompson, M. E. *J. Am. Chem. Soc.* **2003**, *125*, 7796.
(5) (a) Handy, E. S.; Pal, A. J.; Rubner, M. F.; *J. Am. Chem. Soc.* **1999**, *121*, 3525. (b) Gao, F. G.; Bard, A. J. *J. Am. Chem. Soc.* **2000**, *122*, 7426. (c) Buda, M.; Kalyuzhny, G.; Bard, A. J. *J. Am. Chem. Soc.* **2002**, *124*, 6090.
(6) (a) Chen, F. C.; Yang, Y. *Appl. Phys. Lett.* **2002**, *80*, 2308. (b) He, G. F.; Chang, S. C.; Chen, F. C.; Li, Y. F.; Yang, Y. *Appl. Phys. Lett.* **2002**, *81*, 1509.
(7) Welter, S.; Brunner, K.; Hofstraat. J. W.; Cola, L. D. *Nature* **2003**, *421*, 54.
(8) (a) Yu, G.; Liu, Y. Q.; Wu, X.; Zheng, M.; Bai, F. L.; Zhu, D. B.; Jin, L. P.; Wang, M. Z.; Wu, X. N. *Appl. Phys. Lett.* **1999**, *74*, 2295. (b) Yu, G.; Liu, Y. Q.; Wu, X.; Zhu, D. B.; Li, H. Y.; Jin, L. P.; Wang, M. Z. *Chem. Mater.* **2000**, *12*, 2537. (c) Yu, G.; Liu, Y. Q.; Zhou, S. Q.; Bai, F. L.; Zeng, P. J.; Wu, X.; Zheng, M.; Zhu, D. B. *Phys. Rev. B* **2002**, *65*, 115211.
(9) Adachi, C.; Tsutsui, T.; Saito, S. *Appl. Phys. Lett.* **1990**, *56*, 799.
(10) Hopkins, T. A.; Meerholz, K.; Shaheen, S.; Anderson, M. L.; Schmidt, A.; Kippelen, B.; Padias, A. B.; Hall, Jr. K. K.; Peyghambarian, N.; Armstrong, N. R.; *Chem. Mater.* **1996**, *8*, 344.
(11) Sapochak, L. S.; Padmaperuma, A.; Washton, N.; Endrino, F.; Schmett, G. T.; Marshall, J.; Fogarty, D.; Burrows, P. E.; Forrenst, S. R. *J. Am. Chem. Soc.* **2001**, *123*, 6300.
(12) Wang, J. F.; Wang, R. Y.; Yang, J.; Zheng, Z. P.; Carduct, M. D.; Cayou, T.; Peyghambarian, N.; Jabbour, G. E. *J. Am. Chem. Soc.* **2001**, *123*, 6179.

10.1021/ja0371505 CCC: $25.00

论文2首页（与获奖项目相关的最具代表性论文）

Published on Web 08/25/2005

A Highly π-Stacked Organic Semiconductor for Field-Effect Transistors Based on Linearly Condensed Pentathienoacene

Kai Xiao,[†] Yunqi Liu,[*,†] Ting Qi,[†] Wei Zhang,[‡] Fang Wang,[‡] Jianhua Gao,[†] Wenfeng Qiu,[†] Yongqiang Ma,[†] Guanglei Cui,[†] Shiyan Chen,[†] Xiaowei Zhan,[†] Gui Yu,[†] Jingui Qin,[*,‡] Wenping Hu,[†] and Daoben Zhu[*,†]

Contribution from the Key Laboratory of Organic Solids, Institute of Chemistry, Chinese Academy of Sciences, Beijing 100080, P.R. China, and Department of Chemistry, Wuhan University, Wuhan 430072, P.R. China

Received April 29, 2005; E-mail: liuyq@mail.iccas.ac.cn

Abstract: We present the synthesis and characterization of a fused-ring compound, dithieno[2,3-*d*:2′,3′-*d*′]thieno[3,2-*b*:4,5-*b*′]dithiophene (pentathienoacene, PTA). In contrast to pentacene, PTA has a larger band gap than most semiconductors used in organic field-effect transistors (OFETs) and therefore is expected to be stable in air. The large π-conjugated and planar molecular structure of PTA would also form higher molecular orders that are conductive for carrier transport. X-ray diffraction and atomic force microscopy experiments on its films show that the molecules stack in layers with their long axis upright from the surface. X-ray photoelectron spectroscopy suggests that there are no chemical bonds at the PTA/Au interface. OFETs based on the PTA have been constructed, and their performances as p-type semiconductors are also presented. A high mobility of 0.045 cm^2/V s and an on/off ratio of 10^3 for a PTA OFET have been achieved, demonstrating the potential of PTA for application in future organic electronics.

Introduction

Organic semiconductors employed as active layers in field-effect transistors (FETs) are of great current interest because such FETs can potentially be fabricated at low cost, over large areas, and on flexible substrates.[1] Such facile fabrication approaches offer a significant advantage over silicon technology in numerous applications. Much progress on organic FETs has been made in various organic-based electronic circuits, such as displays,[2] sensor,[3] inverts, and logic elements.[4] Of all the OFET materials reported so far, the highest mobility has been recorded for pentacene (0.3−0.7 cm^2/V s on SiO_2/Si and 1.5 cm^2/V s on chemically modified SiO_2/Si).[5] The highest occupied molecular orbital (HOMO) energy level in linearly condensed [*n*]acenes significantly increases with increasing *n*, which facilitates the formation of radical cations (holes) at the interface between a dielectric and a semiconducting layer. Furthermore, the extended π system of a higher acene enhances the intermolecular overlap of $\pi-\pi$ systems in the solid state and leads to high mobility.[6] However, pentacene suffers from the disadvantages of oxidative instability, extreme insolubility, and, for display applications, a strong absorbance throughout the visible spectrum.[7] Where photoinduced decomposition reactions could occur, this absorbance would make pentacene sensitive to most visible light. Compared to pentacene, an important small molecule semiconductor that is rigidly planar, thiophene-based materials exhibit a variety of intra- and intermolecular interactions—van der Waals interactions, weak hydrogen bondings, $\pi-\pi$ stacking, sulfur−sulfur interactions—originating from the high polarizability of sulfur electrons in the thiophene rings.[8] Therefore, thiophene-based materials are a promising class of organic materials for their use in organic thin film transistors.[9] Oligothiophenes have been widely used as organic devices materials, but they can easily twist from planarity, thus disrupting conjugation and potentially affecting band gap in the solid state. An intriguing approach for the design of conjugated small molecules is to combine the stability of the thiophene ring with the planarity of linear acenes to produce fused-ring thienoacenes. However, fused-ring thiophenes are more difficult to synthesize than oligothiophenes. As an example, a conjugated oligomer contain-

[†] Chinese Academy of Sciences.

[‡] Wuhan University.

(1) (a) Dimitrakopoulos, C. D.; Malenfant, P. R. L. *Adv. Mater.* **2002**, *14*, 99−117. (b) Horowitz, G. *Adv. Mater.* **1998**, *10*, 365−377.

(2) (a) Mitschke, U.; Bäuerle, P. *J. Mater. Chem.* **2000**, *10*, 1471−1507. (b) Wisnieff, R. *Nature* **1998**, *394*, 225−227. (c) Comiskey, B.; Albert, J. D.; Yoshizawa, H.; Jacobsen, J. *Nature* **1998**, *394*, 253−255.

(3) (a) Crone, B.; Dodabalapur, A.; Lin, Y.-Y.; Filas, R. W.; Bao, Z.; LaDuca, A.; Sarpeshkar, R.; Katz, H. E.; Li, W. *Nature* **2000**, *403*, 521−523. (b) Lin, Y.-Y.; Dodabalapur, A.; Sarpeshkar, R.; Bao, Z.; Li, W.; Baldwin, K.; Raju, V. R.; Katz, H. E. *Appl. Phys. Lett.* **1999**, *74*, 2714−2716.

(4) (a) Bartic, C.; Palan, B.; Campitelli, A.; Borghs, G. *Sens. Actuators, B* **2002**, *83*, 115−122. (b) Crone, B.; Dodabalapur, A.; Gelperin, A.; Torsi, L.; Katz, H. E.; Lovinger, A. J.; Bao, Z. *Appl. Phys. Lett.* **2001**, *78*, 2229−2231.

(5) (a) Gundlach, D. J.; Lin, Y.-Y.; Jackson, T. N.; Nelson, S. F.; Schlom, D. G. *IEEE Electron Device Lett.* **1997**, *18*, 87−89. (b) Lin, Y.-Y.; Gundlach, D. J.; Nelson, S. F.; Jackson, T. N. *IEEE Electron Device Lett.* **1997**, *18*, 606−608.

(6) Ito, K.; Suzuki, T.; Sakamoto, Y.; Kubota, D.; Inoue, Y.; Sato, F.; Tokito, S. *Angew. Chem. Int. Ed.* **2003**, *42*, 1159−1162.

(7) Yamada, M.; Ikemoto, I.; Kuroda, H. *Bull. Chem. Soc. Jpn.* **1988**, *61*, 1057−1062.

(8) (a) Marseglia, E. A.; Grepioni, F.; Tedesco, E.; Braga, D. *Mol. Cryst. Liq. Cryst.* **2000**, *348*, 137−151. (b) Barbarella, G.; Zambianchi, M.; Bongini, A.; Antolini, L. *Adv. Mater.* **1993**, *5*, 834−838.

(9) (a) Horowitz, G. *J. Mater. Chem.* **1999**, *9*, 2021−2026. (b) Katz, H. E.; Bao, Z. *J. Phys. Chem. B* **2000**, *104*, 671−678.

10.1021/ja052816b CCC: $30.25

2012 年度陈嘉庚生命科学奖

获奖项目

肝癌早期诊断、早期治疗与转移的研究

摘要

（1）开创肝癌早诊早治先河。40年前国外虽发现甲胎蛋白，但未证实有早诊价值。汤钊猷等发现肝癌有无症状“亚临床期”，首创甲胎蛋白动态分析作诊断，局部切除使伴肝硬化小肝癌切除安全实施，5年生存率倍增，主编英文版《亚临床肝癌》专著。项目提供了简便易行、效益高的手段。（2）最早建成高转移人肝癌裸鼠模型和不同转移潜能和靶向的细胞系。为了进一步提高疗效，汤钊猷等首先解决了研究癌转移的平台，从土壤（微环境）可能影响种子（癌）特性出发，创用3项新技术，建成转移模型，全球推广。筛选出干扰素，已使病人受益。这两个项目均获国家科技进步一等奖。（3）发现免疫炎症微环境对转移的重要影响。提示癌转移防治还要针对微环境。该项目获国家自然科学二等奖。

获奖人

汤钊猷

肿瘤学家，1930年12月出生。国际著名肝癌研究学者，肝癌早诊早治奠基人。1954年毕业于上海第一医学院本科。曾任上海医科大学校长，国际抗癌联盟理事，中国工程院医药卫生学部主任，中国抗癌协会肝癌专业委员会主任委员。1994年当选为中国工程院院士。现任复旦大学肝癌研究所所长。在国际上最早系统提出“亚临床肝癌”概念，主编英文版《亚临床肝癌》专著，国际肝病学奠基人Hans Popper称“这一概念是人类认识和治疗肝癌的重大进展”。它使肝癌手术切除后5年生存率提高一倍，使肝癌从“不治之症”向“部分可治之症”转化。近年来又投入肝癌转移复发的研究，在国际上最早建成转移性人肝癌裸鼠和细胞模型，并成功用于肝癌转移的研究。2次任国际癌症大会肝癌会议主席，90余次在国际会议作特邀演讲，主办7次上海国际肝癌肝炎会议并任主席。任11种国际杂志编委，其中2种为任亚太区主编。主编专著9部，参编国际专著16部。发表SCI肝癌研究论文288篇，被引用6759次，在肝癌领域全球排名第3（中国内地第1）。1979年获美国癌症研究所“早治早愈”金牌，由此奠定了我国在肝癌研究领域的国际地位。以第一作者获国家科技进步一等奖2项、三等奖2项，何梁何利科学与技术进步奖，中国医学科学奖，中国工程科技奖，吴阶平医学奖。曾获白求恩奖章、全国“五一”劳动奖章、上海市科技功臣等。培养博士生已毕业的有59人，其中4人获全国优秀博士论文奖。

▲汤钊猷两次任国际癌症大会肝癌会议主席
▶1991年上海国际肝癌肝炎会议上生存10年肝癌病人大合唱
▲1975年甲胎蛋白普查发现的小肝癌病人术后生存近40年
▼1985年国际肝病权威对《亚临床肝癌》的评论

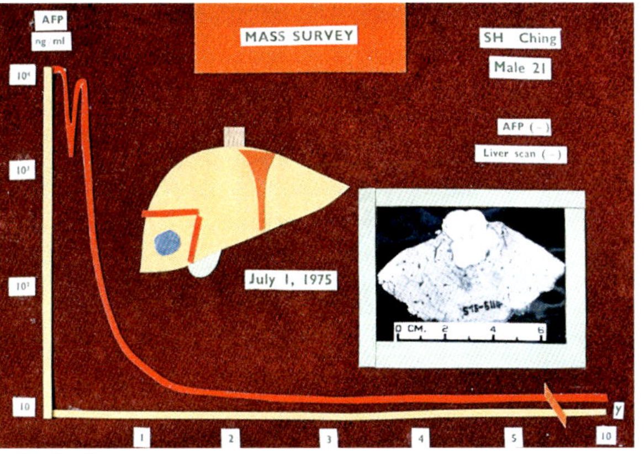

论文1首页（与获奖项目相关的最早发表论文）

Chinese Medical Journal, 92(7):455-462, 1979.

SMALL HEPATOCELLULAR CARCINOMA

CLINICAL ANALYSIS OF 30 CASES

Tang Zhaoyou 汤钊猷, Yu Yeqin 余业勤, Lin Zhiying 林芷英, Zhou Xinda 周信达
Yang Binghui 杨秉辉, Cao Yunzhen 曹韵珍, Lu Jizhen 陆继珍
and Tang Chenlong 唐辰龙

Research Unit for Liver Cancer, Zhong Shan Hospital, Shanghai First Medical College, Shanghai

30 small hepatocellular carcinoma (HCC) cases are reported. Of these 23 were detected by alpha-fetoprotein (AFP) in mass survey and 7 clinically. Resection was successful in 22 cases. There was no operative mortality, 8 cases underwent cryosurgery with ligation of the hepatic artery or radiation. The 1,2 and 3 year survival rate of the entire series was 80.4%, 55.4% and 46.9%; in the resected group it was 83.3%, 70.5% and 70.5% and in the non-resected group 63.8%, 26.6% and 7.1%. The difference between the 2 groups is highly significant. Prognosis is markedly improved with early treatment, especially early resection.

It is concluded that AFP screening is the method of choice for mass detection of small HCC. In this series, reliability of AFP diagnosis was 98.0%. Generally, diagnosis was made 7.9 months before symptoms occurred.

However, long-term results are limited due to associated cirrhosis, multicentric development and the location of the neoplasm. Therefore research on the etiologic approach is important.

HCC is prevalent in some parts of Africa and Asia. Its prognosis is usually poor and early diagnosis difficult. Cases with nodules less than 5 cm in diameter are rarely seen in the medical literature. Okuda et al reported 5 cases in 1975,[1] and analyzed 20 in 1977,[2] 16 of them were discovered at autopsy and 4 clinically.

The demonstration of AFP in the serum of many patients is an advance in the technic of HCC diagnosis. However, Cameron[3] concluded that AFP did not enable diagnosis to be made early enough to influence treatment significantly and that its potential as a screening technic is limited.

This paper presents the diagnosis and prognosis in 30 cases of small HCC seen from January 1967 to February 1978. Of these, 23 cases were detected by AFP screening and 7 clinically. The value of AFP screening in early detection of HCC and the relation of early treatment to prognosis are discussed.

PATIENTS AND METHODS

Age and sex. The age of the 30 patients varied from 21-62 years, 66.7% being in the 40-59 year age group. 28 were male and 2 female.

Criteria for small HCC. Single nodule HCC≤5 cm, or 2 nodules totalling≤5×5×5 cm considered to be a small HCC.

Tumor discovery. Of the 7 clinically discovered cases, 1 was found on examination of acute abdominal condition due to rupture of the tumor, 3 because of the presence of an epigastric mass and 3 on AFP examination for pains in the liver. 6 cases underwent successful tumor resection accounting for 6.8% (6/88) of the cases resected during the same period.

Of the 23 cases discovered in mass survey, the tumor was removed in 16. From

论文2首页（与获奖项目相关的最具代表性论文）

Surgery of Small Hepatocellular Carcinoma

Analysis of 144 Cases

ZHAO-YOU TANG, MD, YE-QIN YU, MD, XIN-DA ZHOU, MD, ZENG-CHEN MA, MD, RONG YANG, MD, JI-ZHEN LU, MD, ZHI-YING LIN, MD, AND BING-HUI YANG, MD

A long-term follow-up study of 144 cases with surgically and pathologically proved small hepatocellular carcinoma (≤5 cm) from 1967 to 1987 is reported. One hundred eight cases (75.0%) were detected by alpha-fetoprotein serosurvey and/or ultrasonography mainly in a high-risk population; 129 cases (89.6%) coexisted with cirrhosis. Resection was done in 132 cases (91.7%) with three (2.3%) operative deaths; cryosurgery, laser vaporization, and hepatic arterial chemotherapy were used in the rest. Limited resection was done in 67.4% of resections. Reresection of subclinical recurrence or solitary pulmonary metastasis was done in 21 cases. The 5-year and 10-year survival rates were 67.9% and 53.4% in the resection group but zero in the nonresection group. Survival was correlated negatively with tumor size, 5-year survival after resection was 84.6% in tumors ≤ 2 cm but 59.5% in tumors of 4.1 to 5 cm. The increase of resectability and reresection resulted in marked improved of 5-year survival from 43.5% in 1973 to 1977 to 63.3% in 1978 to 1982 in the entire series. No significant difference was found between survival of limited resection and lobectomy. Resection may be the modality of choice for treatment of small hepatocellular carcinomas with compensated liver function. Limited resection instead of lobectomy was the key to increased resectability and decreased operative mortality in cirrhotic livers. Reresection of subclinical recurrence was important to prolong survival further.

Cancer **64:536–541, 1989.**

PRIMARY HEPATOCELLULAR CARCINOMA (HCC), a highly lethal malignancy in the Far East and Southern Africa, causes 250,000 annual deaths in the world and 100,000 annual deaths in China. Ten years have gone by since the earlier reports concerning small HCC (diameter less than 5 cm) detected by alpha-fetoprotein (AFP) serosurvey. Much has been done, and much remains to be done.[1,2] Highlights of recent advances in this particular field could be delineated as follows:

1. A combination of AFP serosurvey and ultrasonography in a population with hepatitis history and/or serum hepatitis B surface antigen (HBsAg) was widely accepted to be an important approach to detecting small HCC.

2. An increasing number of small HCC was reported in the recent literature not only from China and Japan but also from the United States and Africa.[3–13]

3. Encouraging 5-year survival rates after resection of small HCC were reported from 22.2% up to 72.5%.[3–12]

4. Marked improvements in the 5-year survival rate in the entire series of HCC was correlated to the increased proportion of small HCC in the series.[14]

5. Reresection for subclinical recurrence or solitary pulmonary metastasis has been proved to be effective in prolonging survival further after small HCC resection.[15,16]

6. Transarterial embolization or ultrasound-guided intralesional ethanol injection was claimed to be the modality of choice for the treatment of nonresectable small HCC.[6,17]

7. A study of the clonal origin of human HCC determined by integration of hepatitis B virus DNA revealed that HCC were usually generated from a single tumor cell even though tumor cells spread in the liver and invaded other organ for a long time.[18]

8. Concepts concerning many aspects of HCC have been renewed based on the long-term study of small HCC.[19,20]

Based on a long-term follow-up study of 144 cases with surgically and pathologically proved small HCC during the period of 1967 to 1987, the factors influencing the prognosis of surgical treatment will be discussed.

Patients and Methods

Small HCC was defined arbitrarily as a single nodule HCC with a diameter equal or smaller than 5 cm, or as

From the Liver Cancer Institute, Shanghai Medical University, Shanghai, People's Republic of China.

Address for reprints: Zhao-you Tang, MD, Liver Cancer Institute, Zhong Shan Hospital, Shanghai Medical University, Shanghai 200032, People's Republic of China.

Accepted for publication February 3, 1989.

2012 年度陈嘉庚信息技术科学奖

获奖项目

可扩展并行计算机技术

摘要

该项目对大规模科学工程计算程序能否流化、能否高效流化的问题，从理论、技术、工程实践上，融合硬件微处理器、软件优化及计算机系统等层面给出了回答。在系统中引入高性能低功耗的流处理器，率先提出CPU和GPU异构并行、计算与存储效率平衡的异构融合并行体系结构；针对异构融合并行体系结构提出了效率优化途径；突破了高可扩展互连网络技术，自主设计了高效通信协议、瓦片式片上交换网络和高密度片间互连网络；突破了多核多线程体系结构与片上并行系统设计技术。为完成我国银河系列、天河系列等重大巨型机系统的研制奠定了坚实的科学与技术基础。该项目成果被认为是"基于GPU是迈向E级计算最有希望的途径之一"。

获奖人

杨学军

1963年4月生于山东武城。1983年本科毕业于南京通信工程学院，1990年在国防科学技术大学获工学博士学位并留校工作，1995年晋升为教授。国防科学技术大学教授、中国科学院院士，现任国防科学技术大学校长。

长期从事高性能计算机体系结构与系统软件研究。先后担任某系列5个型号高性能计算机和2010年世界TOP500排名第1的"天河一号"总设计师。系统提出了CPU和流处理器相结合的高性能计算与效率优化途径。在可扩展共享存储体系结构、超64位高精度算术运算等方面取得了当前国际最高水平的技术成果。针对战场需求在高性能并行计算机快速部署及可靠性技术等方面取得了突破。先后获得国家杰出青年科学基金、国家自然科学基金创新研究群体科学基金资助。以第一、第二作者在IEEE Transactions、ACM Transactions、ISCA等国内外重要学术期刊和会议上发表论文90余篇，其中SCI25篇、EI62篇。曾获国家科技进步一等奖3项、国家技术发明二等奖1项、何梁何利科学与技术成就奖等。

▲赴德国柏林在马克思、恩格斯像前留影
▶“天河一号”高效能计算机系统
▲与博士生讨论工作

论文1首页（与获奖项目相关的最早发表论文）

A 64-bit Stream Processor Architecture for Scientific Applications

Xuejun Yang, Xiaobo Yan, Zuocheng Xing, Yu Deng, Jiang Jiang, and Ying Zhang
National Laboratory for Paralleling and Distributed Processing, School of Computer,
National University of Defense Technology, Changsha, Hunan, 410073, P.R. of China
{xjyang, xbyan, zcxing, yudeng, jiangjiang, zhangying}@nudt.edu.cn

ABSTRACT
Stream architecture is a novel microprocessor architecture with wide application potential. But as for whether it can be used efficiently in scientific computing, many issues await further study. This paper first gives the design and implementation of a 64-bit stream processor, FT64 (Fei Teng 64), for scientific computing. The carrying out of 64-bit extension design and scientific computing oriented optimization are described in such aspects as instruction set architecture, stream controller, micro controller, ALU cluster, memory hierarchy and interconnection interface here. Second, two kinds of communications as message passing and stream communications are put forward. An interconnection based on the communications is designed for FT64-based high performance computers. Third, a novel stream programming language, SF95 (Stream FORTRAN95), and its compiler, SF95Compiler (Stream FORTRAN95 Compiler), are developed to facilitate the development of scientific applications. Finally, nine typical scientific application kernels are tested and the results show the efficiency of stream architecture for scientific computing.

Categories and Subject Descriptors
C.1.2 [**Computer Systems Organization**]: Processor Architectures – *Single-instruction-stream, multiple-data-stream processors (SIMD)*

General Terms
Design

Keywords
stream processor, architecture, program language, compiler, scientific application, high performance computing

1. INTRODUCTION
Stream processors [11, 13, 7, 20, 3, 22, 6] (e.g. Imagine [11, 13] from Stanford University) have demonstrated significant performance advantages in the domains such as signal processing [9], multimedia and graphics [18]. Yet, it has not been sufficiently validated whether stream processor is efficient for scientific computing. To address this issue, we carry out this study on architecture, programming language and compiler.

ISCA'07, June 9-13, 2007, San Diego, California, USA.

We design and implement a 64-bit stream processor, FT64 (Fei Teng 64), for scientific computing. FT64's instruction set architecture is optimized for scientific computing. Kernel-level instructions are in the form of VLIW, and nearly half of them are related with 64-bit double-precision floating-point multiply-accumulate operations. FT64's processing unit consists of four ALU clusters, and each of them contains four floating-point multiply-accumulate (FMAC) units. FT64's peak performance reaches 16GFLOPS.

We put forward two kinds of communications: message passing and stream communications. Stream communication is shared memory communication based on streams which is similar to Imagine's. Based on the two kinds of communications, we implement an interconnection for designing FT64-based high performance computers.

We design a stream programming language, Stream FORTRAN95 (SF95), for FT64. SF95 extends FORTRAN 95 with ten compiler directives to facilitate the development of scientific stream programs. We also develop a compiler for SF95, Stream FORTRAN95 Compiler (SF95Compiler), which adopts some stream architecture oriented optimizing techniques, including loop streamizing, vector streamizing, stream reusing, parameter reusing, *if* conversion, reduction recognition and kernel fusion, etc.

We perform experiments on FT64 with nine typical scientific application kernels, including three NPB benchmarks (EP, MG and CG), a SPEC2000 benchmark (Swim), and five important scientific application kernels (FFT, Laplace, Jacobi, GEMM and NLAG-5). The results show that for these scientific application kernels except CG, FT64 performs equal or better to Itanium 2.

The remainder of this paper is organized as follows: Section 2 presents related work; Section 3 overviews FT64 stream processing system; the implementation details of FT64 processor and SF95Compiler are given respectively in Section 4 and Section 5. The experiments are shown in Section 6. In Section 7, we conclude the paper and discuss some future work.

2. RELATED WORK
Currently, research on stream processor mainly focuses on processor architecture, programming model and compiler design, etc. But, most efforts are made for media applications, with insufficient supports for scientific applications.

2.1 Stream Processor
Stream models first appeared in Hoare's communicating sequential processor (CSP) [10], followed by David May's efforts in OCCAM [17]. Recently, with the improvements in IC technologies, stream models are further studied and applied in the domains of graphics, multimedia and signal processing, where many architectures and processors supporting stream models have emerged, such as Cheops [3], SCORE [6], Imagine, RAW [22], VIRAM [14], TRIPS [5] and

论文2首页（与获奖项目相关的最具代表性论文）

1142 IEEE TRANSACTIONS ON PARALLEL AND DISTRIBUTED SYSTEMS, VOL. 20, NO. 8, AUGUST 2009

Fei Teng 64 Stream Processing System: Architecture, Compiler, and Programming

Xuejun Yang, *Member, IEEE*, Xiaobo Yan, Zuocheng Xing, Yu Deng, Jiang Jiang, Jing Du, and Ying Zhang

Abstract—The stream architecture is a novel microprocessor architecture with wide application potential. It is critical to study how to use the stream architecture to accelerate scientific computing programs. However, existing stream processors and stream programming languages are not designed for scientific computing. To address this issue, we design and implement a 64-bit stream processor, Fei Teng 64 (FT64), which has a peak performance of 16 Gflops. FT64 supports two kinds of communications, message passing and stream communications, based on which, an interconnection architecture is designed for a FT64-based high-performance computer. This high-performance computer contains multiple modules, with each module containing eight FT64s. We also design a novel stream programming language, Stream Fortran 95 (SF95), together with the compiler SF95Compiler, so as to facilitate the development of scientific applications. We test nine typical scientific application kernels on our FT64 platform to evaluate this design. The results demonstrate the effectiveness and efficiency of FT64 and its compiler for scientific computing.

Index Terms—Microprocessors, computer languages, compilers, programming.

1 Introduction

The recent advance in semiconductor technologies has largely reduced the cost of computing. Bandwidth, however, is still expensive. Hence, many high-performance computing systems intend to raise the *arithmetic intensity*, the ratio of arithmetic to bandwidth, as well as parallelism, to keep arithmetic units busy. For example, many existing programming models such as OpenMP and MPI and processor architectures such as a multicore architecture are designed to exploit the parallelism in computer systems. Such parallelism is effective, but it cannot break the memory wall, and memory accesses still dominate code performance to a certain degree. Indeed, improving memory hierarchy performance is also important for computer systems.

Recently, the stream programming model [14] has been proposed. It exposes a large amount of parallelism across stream elements while reducing the global bandwidth requirement by expressing locality within and among kernels. Intuitively, a cache mechanism is also able to capture the spatial locality and temporal locality, while it fails to capture producer-consumer locality expressed by the stream programming model. The stream architecture, providing hundreds of arithmetic units, exploits the parallelism exposed by the stream programming model, as well as exploits the locality of a stream program by providing a deep register hierarchy [3], [6], [7], [10], [12], [19], [21]. As a result, the requirement of memory bandwidth is reduced by capturing short-term producer-consumer locality in large *local register files* (LRFs) and long-term producer-consumer locality in a *stream register file* (SRF).

The stream architecture has demonstrated significant performance advantages in the domains of signal processing [8], multimedia, and graphics [17]. Before it can be widely adopted for scientific computing, however, the following two issues must be addressed.

The first is the lack of stream processors for scientific computing. There are many fused multiply-add (FMA) operations in scientific applications. Therefore, stream processors for scientific computing should support at least 64-bit FMA operations. Also, as the computation scale in scientific computing is typically large, the scientific applications need to always be executed on large amounts of processors, so the flexible network interfaces (NIs) must be provided to enhance the system scalability.

The second is the lack of stream programming languages for scientific computing. For example, Fortran is one of the most popular programming languages in scientific computing, which is not supported by most of previous stream architectures. Existing ones are often different from the common style known by programmers, which incurs a heavy burden on inheriting legacy codes.

To address the above issues, this study focuses on the architecture, compiler, and programming of a stream processing system. The major contributions of this work are as follows:

First, we design and implement Fei Teng 64 (FT64) [26], the first implementation of a 64-bit stream processor for scientific computing. It has a peak performance of 16 Gflops. FT64 supports two kinds of communications, message passing and stream communications, to build an FT64-based high-performance computer. This high-performance computer contains multiple modules, and each module

• *The authors are with the National Laboratory for Paralleling and Distributed Processing, School of Computer, National University of Defense Technology, Changsha, Hunan 410073, P.R. China.*
E-mail: {xjyang, xbyan, zcxing, yudeng, jiangjiang, jingdu, zhangying}@nudt.edu.cn.

Manuscript received 13 May 2008; revised 6 Sept. 2008; accepted 11 Sept. 2008; published online 18 Sept. 2008.
Recommended for acceptance by B. Parhami.
For information on obtaining reprints of this article, please send e-mail to: tpds@computer.org, and reference IEEECS Log Number TPDS-2008-05-0181.
Digital Object Identifier no. 10.1109/TPDS.2008.170.

陈嘉庚青年科学奖

2012年度陈嘉庚青年科学奖获奖人及获奖成果

2012年度，首届陈嘉庚青年科学奖的推荐工作从2011年1月初正式启动，与2012年度陈嘉庚科学奖的推荐评审工作同步进行。截至2011年3月31日，基金会办公室共收到陈嘉庚青年科学奖推荐材料100 份，共有被推荐人85位。

2011年4月28日和5月11日分别召开了第四届评奖委员会主任联席会议和第二届理事会第五次会议，审议确定陈嘉庚青年科学奖有效推荐人38位。2011年6月13～24日，陈嘉庚科学奖各评奖委员会分别召开会议，评审产生14 位有效候选人（数理科学奖2人、化学科学奖3人、生命科学奖4人、地球科学奖1人、信息技术科学奖1人、技术科学奖3人）。7～9月，进行了有效候选人的同行专家通信评审，最终产生了13位初步候选人（数理科学奖2人、化学科学奖3人、生命科学奖4人、地球科学奖1人、信息技术科学奖1人、技术科学奖2人）。10～11月， 陈嘉庚科学奖各评奖委员会分别召开评审会议，投票产生了7位陈嘉庚青年科学奖正式候选人（数理科学奖1人、化学科学奖1人、生命科学奖1人、地球科学奖1人、信息技术科学奖1人、技术科学奖2人）。

2011年12月1日陈嘉庚科学奖基金会第二届理事会第六次会议对各评奖委员会评审选出的7位陈嘉庚青年科学奖候选人进行了审议，投票产生了6位陈嘉庚青年科学奖正式获奖人。他们分别是：数理科学奖获奖人中国科技大学彭承志研究员，获奖成果为“量子通信实验研究”；化学科学奖获奖人中国科学院上海有机化学研究所胡金波研究员，获奖成果为“含氟碳负离子化学中的独特氟效应及其应用”；生命科学奖获奖人中国科学院上海生命科学研究院生物化学与细胞生物学研究所宋保亮研究员，获奖成果为“胆固醇代谢平衡调控的机理与应用基础研究”； 地球科学奖获奖人中国科学技术大学汪毓明教授，获奖成果为“日冕物质抛射的对地有效性”；信息技术科学奖获奖人哈尔滨工业大学高会军教授，获奖成果为“网络环境下动态系统的分析与综合”；技术科学奖获奖人中国航天科技集团公司第五研究院第五一零研究所成永军研究员，获奖成果为“非蒸散型吸气剂在真空计量标准校准下限延伸中的应用”。

首届陈嘉庚青年科学奖受到了社会和科技界的广泛关注，被推荐人较多，各领域被推荐人分布也较均匀，但由于第一次推荐缺乏经验，无效推荐较多。第二届理事会第五次会议进一步明确陈嘉庚青年科学奖奖励做出具有中国自主知识产权的重要原创性科学技术成果的青年科技人才；同时进一步明确陈嘉庚青年科学奖须由相关领域的教授、研究员或同等专业技术职务的专家推荐，推荐人不能是被推荐成果或被推荐人相关成果论著的合作者。会议据此对《陈嘉庚科学奖评奖条例》、《陈嘉庚青年科学奖评奖条例》和《陈嘉庚科学奖评奖条例实施细则》相关条款进行了修订。

2012 年度陈嘉庚青年科学奖 数理科学奖

获奖人

彭承志

1976年10月生于湖南。1998年毕业于中国科学技术大学应用物理专业，2005年在中国科学技术大学获博士学位，2007年起任清华大学物理系助理教授，2009年受聘中国科学技术大学微尺度物质科学国家实验室研究员。

在国际上首次实现了超过13公里的自由空间双向纠缠分发及量子秘钥分发；首次实现了16公里自由空间量子态隐形传输；首次实验验证了诱骗态量子秘钥通信方案的实用价值，将量子保密通信的安全距离拓展到百公里量级，推动了量子通信向实用化方向发展。自2005年发表量子通信领域的第1篇学术论文以来，至今已在Nature子刊，PNAS和Phys. Rev. Lett.等高水平刊物上发表论文8篇，其中3篇为第一作者或通讯作者，作为责任作者之一受邀撰写量子信息实验领域的综述文章，并发表在Physics Report上。

获奖成果

量子通信实验研究

摘要

量子通信是以量子力学基本原理为基础的全新通信技术，是经典信息论和量子力学相结合的一门新兴交叉学科，在国际上被视为是已知技术中保障信息传输安全的终极手段。获奖人在实用化诱骗态量子密钥分发研究和基于纠缠的量子通信研究方向上取得了一系列重要研究成果。通过远距离光纤量子通信的研究，量子通信真正从实验室走向了实际应用，大大推动了量子通信实用化进程；通过远距离量子纠缠分发和量子隐形传态的研究，实际验证了千公里空间尺度量子力学基本问题检验的可行性，为未来基于空间平台量子通信奠定了坚实基础。

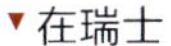

▼参观“十一五”成就展

▼在实验室指导学生

▼在瑞士

论文1首页（与获奖成果相关的最早发表论文）

Experimental Free-Space Distribution of Entangled Photon Pairs Over 13 km: Towards Satellite-Based Global Quantum Communication

Cheng-Zhi Peng,[1,2] Tao Yang,[1] Xiao-Hui Bao,[1] Jun Zhang,[1] Xian-Min Jin,[1] Fa-Yong Feng,[1] Bin Yang,[1] Jian Yang,[1] Juan Yin,[1] Qiang Zhang,[1] Nan Li,[1] Bao-Li Tian,[1] and Jian-Wei Pan[1,2]

[1]*Department of Modern Physics and Hefei National Laboratory for Physical Sciences at Microscale, University of Science and Technology of China, Hefei, Anhui 230026, China*

[2]*Physikalisches Institut der Universitaet Heidelberg, Philosophenweg 12, Heidelberg 69120, Germany*

(Received 26 December 2004; published 20 April 2005)

We report free-space distribution of entangled photon pairs over a noisy ground atmosphere of 13 km. It is shown that the desired entanglement can still survive after both entangled photons have passed through the noisy ground atmosphere with a distance beyond the effective thickness of the aerosphere. This is confirmed by observing a spacelike separated violation of Bell inequality of 2.45 ± 0.09. On this basis, we exploit the distributed entangled photon source to demonstrate the Bennett-Brassard 1984 quantum cryptography scheme. The distribution distance of entangled photon pairs achieved in the experiment is for the first time well beyond the effective thickness of the aerosphere, hence presenting a significant step towards satellite-based global quantum communication.

DOI: 10.1103/PhysRevLett.94.150501 PACS numbers: 03.67.Hk, 03.65.Ud, 03.67.Dd

In a future large scale realization of quantum communication schemes [1–3], we have to solve the problems caused by photon loss and decoherence in the transmission channel. For example, because of the photon loss and the unavoidable dark count of the current available single-photon detectors, the maximum distance in the fiber-based quantum cryptography is limited to the order of 100 km [4]. The quantum repeater scheme that combines entanglement swapping, entanglement purification, and quantum memory [5–7] proposed an efficient way to generate highly entangled states between distant locations, hence providing an elegant solution to the photon loss and decoherence problem. In recent years, significant experimental progress has been achieved in the demonstration of entanglement swapping, entanglement purification, and quantum memory [8–11], and even in the demonstration of a prototype of quantum relay [12,13]. However, one still has a long way to go before the above techniques can be finally integrated into a single unit in order to be useful for realistic quantum communication over large distances.

Another promising way to realize long-distance quantum communication is to exploit satellite-based free-space distribution of single photons or entangled photon pairs [14]. In the scheme, the photonic quantum states are first sent through the aerosphere, then reflected from one satellite to another, and finally sent back to the earth. Since the effective thickness of the aerosphere is on the order of 5–10 km (i.e., the whole aerosphere is equivalent to 5–10 km ground atmosphere) and in the outer space the photon loss and decoherence is negligible, with the help of satellites one can achieve global free-space quantum communication as long as the quantum states can still survive after penetrating the aerosphere [14].

Along this line, important experimental progress has been made very recently in the free-space distribution of attenuated laser pulses (over 23.4 km) and entangled photon pairs (over 600 m) [15,16]. However, on the one hand, in the quantum cryptography experiment with attenuated laser pulses [15] the huge photon loss in the transmission channel leaves an eavesdropping loophole. This is because the eavesdropper could, in principle, exploit a transmission channel with less photon loss and allow only those attenuated laser pulses containing two or more photons to reach the receiver. In this way, the eavesdropper can use a beam splitter to steal at least one photon from these specific attenuated laser pulses without being detected. On the other hand, while the achieved distance in the previous entanglement distribution experiment [16] is only on the order of 600 m which is far below the effective thickness of the aerosphere, the achieved low transmission efficiency ($\sim 10^{-3}$) would not enable a sufficient link efficiency over large distances, which is, however, required for satellite-based free-space quantum communication [14].

In this Letter, with the help of a laser-pulse-assisted synchronization method and our own designed telescope systems we drive the free-space technology further by reporting free-space distribution of entangled photon pairs over a noisy ground atmosphere of 13 km. We confirm that the desired entanglement can still survive after both entangled photons have passed through the noisy ground atmosphere with a distance beyond the effective thickness of the aerosphere. In addition, we also exploit the distributed entangled photon source to experimentally demonstrate the Bennett-Brassard 1984 (BB84) quantum cryptography scheme [1] without the eavesdropping loophole. The distribution distance of entangled photon pairs achieved in our experiment is for the first time well beyond the effective thickness of the aerosphere, hence presenting a significant step towards satellite-based global quantum communication.

In the experiment, as shown in Fig. 1, a sender is located on the top of Dashu Mountain in Hefei of China, with an

论文2首页（与获奖成果相关的最具代表性论文）

Experimental free-space quantum teleportation

Xian-Min Jin[1†], Ji-Gang Ren[1,2†], Bin Yang[1], Zhen-Huan Yi[2], Fei Zhou[2], Xiao-Fan Xu[1], Shao-Kai Wang[2], Dong Yang[2], Yuan-Feng Hu[1], Shuo Jiang[2], Tao Yang[1], Hao Yin[1], Kai Chen[1], Cheng-Zhi Peng[2]* and Jian-Wei Pan[1,2]*

Quantum teleportation[1] is central to the practical realization of quantum communication[2,3]. Although the first proof-of-principle demonstration was reported in 1997 by the Innsbruck[4] and Rome groups[5], long-distance teleportation has so far only been realized in fibre with lengths of hundreds of metres[6,7]. An optical free-space link is highly desirable for extending the transfer distance, because of its low atmospheric absorption for certain ranges of wavelength. By following the Rome scheme[5], which allows a full Bell-state measurement, we report free-space implementation of quantum teleportation over 16 km. An active feed-forward technique has been developed to enable real-time information transfer. An average fidelity of 89%, well beyond the classical limit of 2/3, is achieved. Our experiment has realized all of the non-local aspects of the original teleportation scheme and is equivalent to it up to a local unitary operation[5]. Our result confirms the feasibility of space-based experiments, and is an important step towards quantum-communication applications on a global scale.

Quantum teleportation lies at the heart of a number of quantum protocols, finding particular use in quantum repeaters, quantum relays and so on, and enabling the extension of quantum communication networks to arbitrarily long distances[2,3]. Since its initial proposal by Bennett and colleagues[1], quantum teleportation has triggered significant research activity and become a focus in the field of quantum-information science. Because of negligible decoherence from the noisy environment, photonic qubits comprise one of the first physical systems to enable the realization of quantum information transfer, having the additional virtues of being easy to manipulate and capable of transmission over long distances. This led to two simultaneous successful photonic implementations of quantum teleportation—by the Innsbruck[4] and Rome groups[5]. The teleportation protocol developed by the Rome group has the advantage of allowing a full single-photon Bell-state measurement (BSM), but it is restricted in that an unknown quantum state cannot directly come from outside. Nevertheless, the Rome scheme realizes all the non-local aspects of the original teleportation scheme proposed by Bennett and colleagues[1] and is equivalent to it up to a local unitary operation[5].

These experiments have formed the solid basis for a number of demonstrations of important quantum tasks such as entanglement swapping[8], entanglement concentration[9,10], entanglement purification[11] and so on. Importantly, open-destination teleportation[12] and composite system teleportation[13] have been accomplished, making multi-party and complicated quantum networks achievable. As well as photonic realizations, teleportation has also been demonstrated between atomic qubits[14,15], and even between photonic and atomic qubits[16].

To put quantum communications applications into practice, quantum information must be transferred over much longer distances. Most earlier teleportation experiments were proof-of-principle demonstrations and lacked the ability to be implemented over large distances. Although fibre-based, long-distance teleportation has been studied experimentally[6,7], even by using state-of-the-art techniques, the maximum transmission distance is very limited as a result of huge photon losses and the decoherence effect in the optical fibre. The Geneva group[6] have realized teleportation between two laboratories, separated by 55 m and linked by means of a 2-km standard telecom fibre, and the Vienna experiment[7] achieved teleportation over a distance of 600 m through a fibre passing under the River Danube. Fortunately, in a free-space channel the photonic states are subject to harmful effects to a much lesser extent. The birefringent effect of the atmosphere is very weak, and photon absorption by the atmosphere is very small for certain wavelength regimes. Moreover, in outer space, after penetrating the aerosphere, photon loss and decoherence are negligible. Optical free-space links therefore provide the promise of much larger photon propagation distances. Although significant progress has been made in developing free-space optical links for applications in quantum communications[17–23], free-space, long-distance quantum teleportation with a full BSM and active feed-forward remains an experimental challenge.

In the present experiment, we demonstrate the transfer of a quantum state in the real scenario of public free space. The original quantum state was recovered following teleportation through a 16-km, noisy, free-space channel located on the ground. Active feed-forward technology was developed for the real-time transfer of quantum information. Importantly, the distance of 16 km is significantly greater than the effective aerosphere thickness (equivalent to 5–10 km of ground atmosphere)[20]. Such high-fidelity teleportation would pave the way for future space-based experiments, with links connecting a ground station and a satellite, or two ground stations with a satellite between acting as a relay; this has the potential for enabling quantum-communication applications on a global scale in the near future.

A schematic layout of the experimental set-up is shown in Fig. 1a. This set-up (following the Rome scheme) has advantages over many previous experiments[4,6,7] in that it avoids synchronization between single photon states with ultrashort coherence times over large distances, and prevents the very low detection rates associated with the simultaneous detection of three photons. In our experiment, Charlie and Alice are located at Badaling in Beijing (40° 21′ 38″ N, 115° 56′ 22″ E, 550 m altitude) at the teleportation site, and Bob is located at Huailai in Hebei province (40° 22′ 02″ N, 115° 45′ 09″ E, 500 m altitude) at the receiver site. The straight-line distance between the two stations is ~16 km. At the

[1]Hefei National Laboratory for Physical Sciences at Microscale and Department of Modern Physics, University of Science and Technology of China, Hefei, Anhui, 230026, PR China, [2]Physics Department, Tsinghua University, Beijing 100084, PR China; †These authors contributed equally to this work. *e-mail: pcz@mail.tsinghua.edu.cn; pan@ustc.edu.cn

2012 年度陈嘉庚青年科学奖

化 学 科 学 奖

获奖人

胡金波

1973年2月生于浙江慈溪。1994年于杭州大学获得学士学位，1997年于中国科学院上海冶金研究所获得硕士学位。1997～2002年在美国南加州大学化学系学习并获得博士学位，2002～2005年在美国南加州大学碳氢化学研究所从事博士后研究工作。2005年至今担任中国科学院上海有机化学研究所研究员、课题组长，目前担任中国科学院有机氟化学重点实验室主任。曾入选中国科学院"百人计划"，并获终期评估优秀。

主要从事有机氟化学研究，包括选择性氟化试剂和反应的开发及含氟功能材料的研究等，特别注重于探索和研究独特的氟原子取代效应在有机化学反应和有机含氟材料中产生的各种影响，目前共发表研究论文和撰写书籍章节80余篇。2008年获得国家杰出青年科学基金，2009年获得英国皇家化学会氟化学奖，2007年获得中国化学会青年化学奖，2005年获得美国空气产品公司优秀青年教授奖等。

▲ 与研究生讨论工作

▲ 与国外同行交流

▲ 2009年7月参加国际化学会议

获奖成果

含氟碳负离子化学中的独特氟效应及其应用

摘要

有机含氟物质在医药、农药、民用和军用材料等领域发挥着不可替代的重要作用。目前，全球约25%的医药和40%的农药含有氟原子，许多高尖端功能材料也都含有氟原子。胡金波研究员从研究掌握含氟关键活泼中间体反应规律入手，发展出一系列新概念、新试剂、新方法，为有机氟化学和含氟功能分子的研究做出了重要贡献。主要包括：①提出了“负氟效应”(negative fluorine effect)新观点，并据此系统研究了含氟碳负离子化学参与的化学反应，并提出了若干调控策略；②发展了几种原创性的氟化学试剂和反应，特别解决了多年来亲核二氟、一氟烷基化和烯基化反应效率低的问题，这些试剂和反应被国内外同行多次成功使用；③首次较为系统地研究了含氟碳负离子的“软硬度”问题，为设计和预测亲核氟烷基化反应提供了理论基础，这一工作被日本著名氟化学家Kenji Uneyama教授评价为“对氟科学的一项重要基础性贡献”。整个工作发表论文60篇，申请专利10项，并荣获英国皇家化学会氟化学奖（该奖项每2年奖给全球范围内1位40周岁以下的氟化学家）。

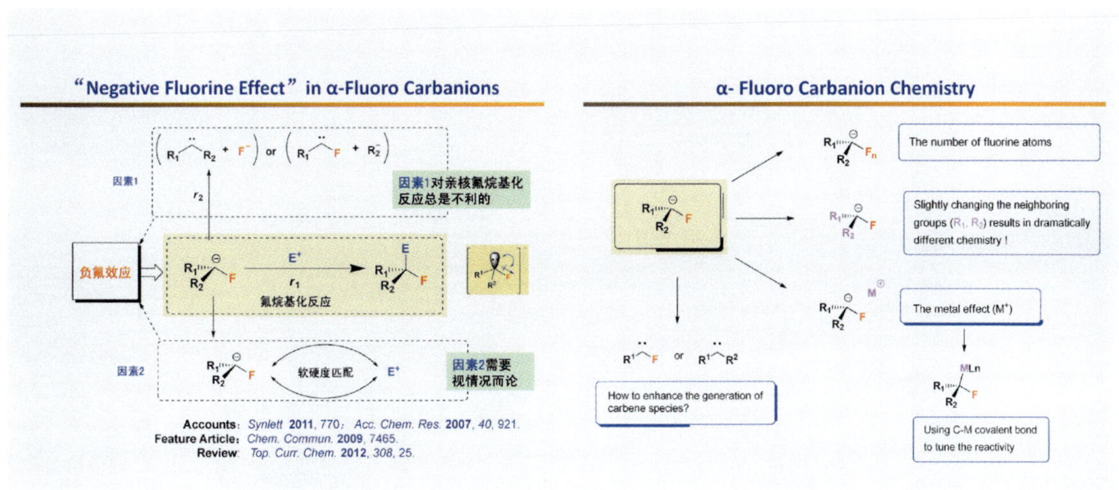

▲ “负氟效应”　　▲ “负氟效应”的应用

论文1首页（与获奖成果相关的最早发表论文）

Synthetic Methods

DOI: 10.1002/anie.200501769

Facile Synthesis of Chiral α-Difluoromethyl Amines from *N*-(*tert*-Butylsulfinyl)aldimines**

*Ya Li and Jinbo Hu**

Dedicated to Professor George A. Olah

Fluorinated amines are important synthetic building blocks in the design of antimetabolites and drugs because fluorine causes minimal structural changes and maximal shifts in electron distribution.[1,2] Fluorine lowers the basicity of amines and improves oral absorption, suppresses metabolism, and thus increases the bioavailability of a target drug.[3–5] Among the fluorinated amines, α-difluoromethyl amines are of particular interest as the CF_2H functionality is isosteric to a carbinol (CH_2OH) unit and also, as a lipophilic group, it shares much of the dipolar nature of the latter.[6,7] Therefore, α-difluoromethyl amines can be regarded as more lipophilic bioisosteres of corresponding α-aminocarbinols (or β-amino alcohols), which may feature some significant properties within biologically active molecules.

Despite its importance for applications related to life sciences, the synthesis of α-difluoromethyl amines has not been well explored. The few known methods are mainly based on the use of difluoromethyl carbonyl compounds or their imine derivatives as precursors.[8–12] Pey and Schirlin reported the multistep synthesis of α-difluoromethyl amines from substituted malonate esters with CHF_2Cl followed by a Curtius rearrangement.[13] However, the general and efficient asymmetric synthesis of α-difluoromethyl amines still remains a challenge although it has drawn many synthetic endeavors.[9–12,14] The asymmetric hydrogenation of fluorinated imines are usually difficult, and recently Uneyama and coworkers reported that the palladium-catalyzed asymmetric hydrogenation of difluoromethyl imino esters proceeded with poor enantioselectivity (30% *ee*).[9] Hydride reduction of the C=N bond of chiral difluoromethyl β-sulfinyl-*N*-arylimine only gave 82% diastereomeric excess.[10] Difluoropyruvaldehyde *N,S*-ketal was synthesized in three steps from difluoroacetic esters and chiral methyl *p*-tolyl sulfoxide in only 72% enantiomeric excess.[11] Conversion of optically pure β-

[*] Y. Li, Prof. Dr. J. Hu
Key Laboratory of Organofluorine Chemistry
Shanghai Institute of Organic Chemistry
Chinese Academy of Sciences
354 Feng-Lin Rd., Shanghai, 200032 (China)
Fax: (+86) 21-64166128
E-mail: jinbohu@mail.sioc.ac.cn

[**] Dedicated to Prof. George A. Olah on the occasion of his receipt of the 2005 Priestley Medal. Support of our work by the "Hundreds Talent Program" from the Chinese Academy of Sciences is gratefully acknowledged.

Supporting information for this article is available on the WWW under http://www.angewandte.org or from the author.

论文2首页（与获奖成果相关的最具代表性论文）

Selective Nucleophilic Fluoroalkylations Facilitated by Removable Activation Groups

Chuanfa Ni, Jinbo Hu*

Key Laboratory of Organofluorine Chemistry, Shanghai Institute of Organic Chemistry, Chinese Academy of Sciences, 345 Lingling Road, Shanghai 200032, P. R. of China

Fax +86(21)64166128; E-mail: jinbohu@sioc.ac.cn

Received 3 November 2010

Abstract: Selective incorporation of fluorine atoms or fluorine-containing moieties into organic molecules has become a routine and powerful strategy in drug design and new functional-material development. Nucleophilic fluoroalkylation, typically involving the transfer of a fluorinated carbanion or carbanion equivalent to an electrophile, is one of the most important and frequently used methods to synthesize fluorinated organic molecules. In this Account, we introduce some recent achievements in the field of nucleophilic di- and monofluoroalkylation chemistry with functionalized fluoroalkylation reagents. In particular, the effect of fluorine substitution on the reactivity of carbanions is discussed, and several strategies for improving nucleophilic fluoroalkylations are proposed and successfully applied in various new nucleophilic fluoroalkylation reactions. It was found that attaching a removable activation group (such as the phenylsulfonyl group) to a fluorinated carbanion is an important approach to improve the latter's reactivity.

Key words: fluorine, nucleophilic fluoroalkylation, activation group, sulfone, fluorine effect

SYNLETT 2011, No. x, pp 000A–000M
Advanced online publication: xx.xx.2011
DOI: 10.1055/s-0030-1259906; Art ID: A57710ST

1 Introduction

Fluorine, characterized by its small size and high electronegativity, can impart fabulous chemical and biological properties to an organic molecule, including the stability, high lipophilicity, and bioavailability that can favorably change in vivo drug transport and absorption rates.[1] As a small atom with a big ego, fluorine has become an ubiquitous element in pharmaceutical-, agrochemical- and material-related applications.[1,2] Although there are only very few (around 13) organofluorine compounds among nearly 3200 known naturally occurring organohalogen compounds,[3] till 2010 about 55% of the approximate 7.2 million man-made organohalogen compounds contain at least one carbon–fluorine bond.[4] Among all these documented fluorinated structures, many of them can be constructed from simple fluorine-containing starting materials in virtue of the building-block methodology. However, fluorination and fluoroalkylation, as the two major synthetic methods to prepare selectively fluorinated organic compounds, will prevail over the former when the desired fluorinated molecules are complex and the incorporation of the fluorine or fluoroalkyl groups must occur at a late stage of their synthesis.

In the field of fluoroalkylation chemistry, although both free-radical fluoroalkylation and electrophilic fluoroalkylation are well known, nucleophilic fluoroalkylation possesses a number of advantages and thus has become one of the most important methods for incorporation of fluorinated moieties into organic molecules.[5] Nucleophilic fluoroalkylation typically features the transfer of a fluoroalkyl group to an electrophile, in which either a free α-fluoro carbanion, an equivalent of α-fluoro carbanion (i.e., a species that has similar reactivity character to an α-fluoro carbanion, such as pentacoordinate silicon species), or a fluoroalkyl metal species (R_fM) is involved. The major known preparative methods for nucleophilic fluoroalkylating species include: (a) addition of nucleophiles (especially fluoride ion) to fluorinated olefins, (b) deprotonation of hydrofluorocarbons with a proper base, (c) metal–halogen exchange reaction (such as the reaction between methyllithium and perfluoroalkyl iodide), (d) reduction of fluoroalkyl halides by metals (such as Mg, Zn, etc.), and (e) Lewis base activated generation using organosilicon reagents.[2c,6,7]

During the past half century, nucleophilic perfluoroalkylation using organometallic reagents of lithium, magne-

2012 年度陈嘉庚青年科学奖
生 命 科 学 奖

获奖人

宋保亮

1975年1月19日出生于河南林州。1997年于南京大学获学士学位，2002年于中国科学院上海生命科学研究院生物化学与细胞生物学研究所获博士学位，其后在美国西南医学中心进行博士后研究。2005年获中国科学院“百人计划”引进国外杰出人才项目资助，任上海生科院生化与细胞所研究组长、研究员。担任国家重大科学研究计划首席科学家、分子生物学国家重点实验室副主任，主持基金委重点项目等10余项，入选国家杰出青年科学基金、上海市优秀学科带头人、国家中青年科技创新领军人才，“百人计划”终期评估优秀。

主要从事胆固醇代谢平衡调控的研究，研究方向包括：胆固醇合成的负反馈调控；饮食胆固醇吸收的分子机制；细胞内胆固醇的运输；新型降脂化合物的研发等。宋保亮教授在国际学术期刊上已发表研究论文30余篇，其中作为通讯作者发表Cell Metabolism 4篇、PNAS 1篇、J. Biol. Chem. 5篇。

工作间隙

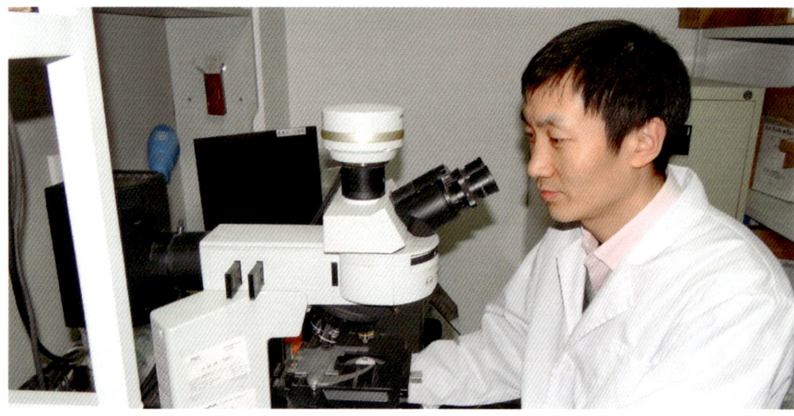

在实验室工作

获奖成果

胆固醇代谢平衡调控的机理与应用基础研究

摘要

胆固醇在许多生命过程中发挥着重要的生理作用。但是，血液中高水平胆固醇会导致动脉粥样硬化，进而引发冠心病和中风等严重疾病。人体获得胆固醇主要通过小肠吸收及自身合成。宋保亮的研究提出并证明了小肠细胞对饮食胆固醇吸收的分子模型，发现了该途径中的多个蛋白因子；深入探索了内源性胆固醇合成的负反馈调控机制——HMGCR蛋白的受控降解；构建了基于胆固醇合成负反馈调控途径的筛选体系，并获得了能同时降低胆固醇和甘油三酯的活性化合物白桦酯醇。这些原创性研究不仅极大地丰富了胆固醇代谢平衡调控的基础理论，并且对研发新型的降脂药物具有重要意义。

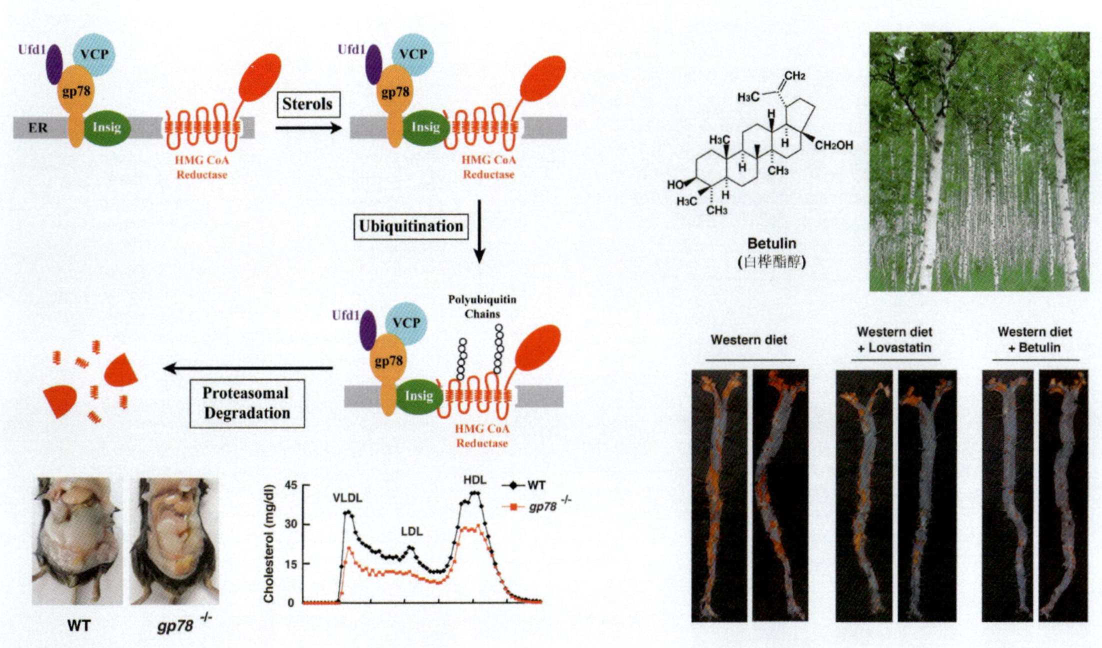

▲胆固醇合成途径关键酶HMGCR的降解调控通路与功能

▲白桦酯醇抑制脂质合成抗动脉粥样硬化发生

论文1首页（与获奖成果相关的最早发表论文）

Ufd1 Is a Cofactor of gp78 and Plays a Key Role in Cholesterol Metabolism by Regulating the Stability of HMG-CoA Reductase

Jian Cao,[1] Jiang Wang,[1] Wei Qi,[1] Hong-Hua Miao,[1] Jing Wang,[1] Liang Ge,[1] Russell A. DeBose-Boyd,[2] Jing-Jie Tang,[1] Bo-Liang Li,[1,*] and Bao-Liang Song[1,*]

[1] State Key Laboratory of Molecular Biology, Institute of Biochemistry and Cell Biology, Shanghai Institutes for Biological Sciences, Chinese Academy of Sciences, 320 Yue-Yang Road, Shanghai 200031, China

[2] Department of Molecular Genetics, University of Texas Southwestern Medical Center, Dallas, TX 75390-9046, USA

*Correspondence: blli@sibs.ac.cn (B.-L.L.), blsong@sibs.ac.cn (B.-L.S.)

DOI 10.1016/j.cmet.2007.07.002

SUMMARY

The membrane-anchored ubiquitin ligase gp78 promotes degradation of misfolded endoplasmic reticulum (ER) proteins and sterol-regulated degradation of HMG-CoA reductase. It was known previously that Ufd1 plays a critical role in ER-associated degradation (ERAD) together with Npl4 and VCP. The VCP-Ufd1-Npl4 complex recognizes polyubiquitin chains and transfers the ubiquitinated proteins to the proteasome. Here we show that Ufd1 directly interacts with gp78 and functions as a cofactor. Ufd1 enhances the E3 activity of gp78, accelerates the ubiquitination and degradation of reductase, and eventually promotes receptor-mediated uptake of low-density lipoprotein. Furthermore, we demonstrate that the monoubiquitin-binding site in Ufd1 is required for the enhancement of gp78 activity and that the polyubiquitin-binding site in Ufd1 is critical for a postubiquitination step in ERAD. In summary, our study identifies Ufd1 as a cofactor of gp78, reveals an unappreciated function of Ufd1 in the ubiquitination reaction during ERAD, and illustrates that Ufd1 plays a critical role in cholesterol metabolism.

INTRODUCTION

The endoplasmic reticulum (ER) is the major organelle for protein synthesis, folding, and assembly in the secretory pathway. The maturation of proteins in the ER is not a perfect process. Eukaryotic cells have evolved a highly conserved ER quality-control system, termed ER-associated degradation (ERAD), to prevent the accumulation of terminally misfolded proteins (Hampton, 2002). ERAD is the pathway that directs misfolded polypeptides to proteasomal degradation, thereby protecting cells from the damage caused by the accumulation of these improperly folded proteins. The processes of ERAD include recognition of the "lesion" on misfolded proteins, polyubiquitination, dislocation from ER to cytosol, and delivery to the proteasome for destruction (Meusser et al., 2005; Tsai et al., 2002; Carvalho et al., 2006; Denic et al., 2006). Recent studies have suggested that some of these steps are tightly coupled together (Neuber et al., 2005; Younger et al., 2006; Schuberth and Buchberger, 2005; Song et al., 2005b). However, how these events in ERAD are organized has remained obscure.

Ubiquitin fusion degradation 1 (Ufd1) protein is one of the essential components of ERAD and plays a key role in the degradation of misfolded proteins (Johnson et al., 1995). In most circumstances, Ufd1 forms a complex with Npl4 and the AAA ATPase VCP (also known as p97 or Cdc48) to transfer the ubiquitinated proteins to the proteasome (Meyer et al., 2000; Ye et al., 2001, 2003; Bays and Hampton, 2002; Meyer et al., 2002). Dislocation across the ER membrane into the cytoplasm is a process that requires energy. The VCP-Ufd1-Npl4 complex has been proposed to form a ring-like structure around the substrates and provides the driving force for dislocation (DeLaBarre and Brunger, 2003; Pye et al., 2007). The COOH-terminal one-third portion of Ufd1 binds both Npl4 and VCP at different sites (Bruderer et al., 2004; Pye et al., 2007). In addition, Ufd1 binds polyubiquitin chains via its NH_2-terminal domain, and this binding is synergistically enhanced by VCP (Ye et al., 2003). Deletion of the NH_2-terminal domain of Ufd1 results in the blockage of ERAD (Ye et al., 2003), indicating that the polyubiquitin binding of Ufd1 is required for ERAD. However, a recent structural study has revealed that the NH_2-terminal domain of Ufd1 comprises two independent binding sites for mono- and polyubiquitin, respectively (Park et al., 2005). These sites' individual functions in ERAD are largely unknown.

The enzyme 3-hydroxy-3-methylglutaryl coenzyme A reductase (HMG-CoA reductase) catalyzes the reduction of HMG-CoA to mevalonate, a rate-limiting step in the synthesis of cholesterol (Goldstein and Brown, 1990). The stability of HMG-CoA reductase is tightly regulated in cells: HMG-CoA reductase protein is degraded through ERAD pathway in the presence of high levels of sterol (Sever

论文2首页（与获奖成果相关的最具代表性论文）

The Cholesterol Absorption Inhibitor Ezetimibe Acts by Blocking the Sterol-Induced Internalization of NPC1L1

Liang Ge,[1,3] Jing Wang,[1,3] Wei Qi,[2,3] Hong-Hua Miao,[1] Jian Cao,[1] Yu-Xiu Qu,[1] Bo-Liang Li,[1] and Bao-Liang Song[1,*]
[1]State Key Laboratory of Molecular Biology, Institute of Biochemistry and Cell Biology
[2]Key Laboratory of Nutrition and Metabolism, Institute for Nutritional Sciences
Shanghai Institutes for Biological Sciences, Chinese Academy of Sciences, Shanghai 200031, China
[3]These authors contributed equally to this work
*Correspondence: blsong@sibs.ac.cn
DOI 10.1016/j.cmet.2008.04.001

SUMMARY

Niemann-Pick C1-like 1 (NPC1L1) is a polytopic transmembrane protein that plays a critical role in cholesterol absorption. Ezetimibe, a hypocholesterolemic drug, has been reported to bind NPC1L1 and block cholesterol absorption. However, the molecular mechanism of NPC1L1-mediated cholesterol uptake and how ezetimibe inhibits this process are poorly defined. Here we find that cholesterol specifically promotes the internalization of NPC1L1 and that this process requires microfilaments and the clathrin/AP2 complex. Blocking NPC1L1 endocytosis dramatically decreases cholesterol internalization, indicating that NPC1L1 mediates cholesterol uptake via its vesicular endocytosis. Ezetimibe prevents NPC1L1 from incorporating into clathrin-coated vesicles and thus inhibits cholesterol uptake. Together, our data suggest a model wherein cholesterol is internalized into cells with NPC1L1 through clathrin/AP2-mediated endocytosis and ezetimibe inhibits cholesterol absorption by blocking the internalization of NPC1L1.

INTRODUCTION

Cholesterol is an essential component of most biological membranes and is the precursor for synthesis of steroid hormones and bile acids. However, high levels of cholesterol cause severe problems including coronary heart disease (CHD). In developed societies, excessive dietary cholesterol uptake is a major risk factor for CHD. Mammals obtain cholesterol by de novo synthesis from acetyl-CoA and by absorption from diet and bile. Although much is known about the enzymology and regulatory pathways of cholesterol biosynthesis (Brown and Goldstein, 1986; Goldstein et al., 2006), far less is understood about the molecular mechanisms by which cholesterol is absorbed.

Niemann-Pick C1-like 1 (NPC1L1) was recently identified as a critical player in the intestinal absorption of dietary cholesterol (Altmann et al., 2004). It is highly expressed in small intestine and localized along the brush border in both human and mouse (Davis et al., 2004; Altmann et al., 2004; Sane et al., 2006). However, significant expression of NPC1L1 is also observed in human liver, but not in mouse liver (Davies et al., 2005; Altmann et al., 2004). *NPC1L1*-deficient mice exhibit a drastic reduction of dietary cholesterol absorption (Davies et al., 2005; Davis et al., 2004; Altmann et al., 2004). Besides mediating intestinal cholesterol uptake, overexpression of NPC1L1 in liver in a transgenic mouse model dramatically decreases biliary cholesterol concentration and increases plasma cholesterol level, indicating that liver NPC1L1 mediates biliary cholesterol reabsorption (Temel et al., 2007). Taken together, these data indicate that NPC1L1 plays key roles in dietary and biliary cholesterol absorption in both intestine and liver.

The NPC1L1 protein contains about 1300 residues with 13 predicted transmembrane domains (Davies et al., 2000). Interestingly, the third to seventh transmembrane helices constitute a sterol-sensing domain that is also present in other sterol-regulated proteins including NPC1, HMG-CoA reductase, and SCAP (Kuwabara and Labouesse, 2002). NPC1L1 has been reported to localize on the plasma membrane (PM) (Altmann et al., 2004; Iyer et al., 2005) or in intracellular compartments (Davies et al., 2005; Sane et al., 2006). More recently, Yu et al. found that NPC1L1 is transported from the endocytic recycling compartment (ERC) to the PM after cholesterol depletion and that only when localized on the PM can it promote cholesterol uptake (Brown et al., 2007; Yu et al., 2006).

Ezetimibe (trademark name Zetia) is a potent cholesterol absorption inhibitor that is being clinically used to treat hypercholesterolemia (Davis and Veltri, 2007). *NPC1L1* knockout mice show no response to ezetimibe (Altmann et al., 2004), and the phenotypes of *NPC1L1* transgenic mice can be normalized by ezetimibe (Temel et al., 2007). These findings indicate that NPC1L1 and ezetimibe function in the same pathway. It has been further found that ezetimibe binds to brush-border membranes from wild-type animals but not those of *NPC1L1* knockout mice, suggesting that ezetimibe interacts with NPC1L1 and presumably inactivates it (Davis and Veltri, 2007; Garcia-Calvo et al., 2005). However, how ezetimibe inhibits NPC1L1-mediated cholesterol uptake is largely unknown.

In the present study, we find that NPC1L1 recycles between ERC and PM: depletion of cholesterol causes the transport of NPC1L1 from ERC to PM, whereas replenishment of cholesterol results in the transportation of NPC1L1 from PM to ERC. Meanwhile, cholesterol is internalized together with NPC1L1. Through disruption of microfilaments and knockdown of clathrin/AP2, we

2012 年度陈嘉庚青年科学奖 地球科学奖

获奖人

汪毓明

1976年9月出生于江苏常州。1995年就读于中国科学技术大学地球和空间科学学院；2003年获理学博士学位； 2005年获国家杰出青年科学基金资助，同年被聘为中国科学技术大学教授、博士生导师；现任中国科学院近地空间环境重点实验室副主任、中国地球物理学会空间天气专业委员会委员、中国空间科学学会空间物理专业委员会委员。

主要从事日冕与行星际动力学研究，先后提出了行星际空间中的多重磁云概念，发现了对地有效日冕物质抛射源区分布的东西不对称性和日冕物质抛射之间的超弹性碰撞现象，建立了日冕物质抛射的偏转传播理论模型、内部参数反演模型，发展了日冕激波强度的估算方法等，在日冕物质抛射的对地有效性方面作出了重要的贡献。至今在SCI期刊发表论文50余篇，包括Nature Physics、GRL、A&A三个国际顶级期刊封面文章各1篇，SCI引用600余次。曾获得2005年度全国百篇优秀博士学位论文奖，2009年度中国地球物理学会傅承义青年科技奖，2011年第十二届中国青年科技奖。

▸ 太阳和空间磁流体力学国际暑期学校的开班仪式
◂ 和工程师讨论空间低能离子探测器的研制
▾ 在雪龙号考察船上参观学习

获奖成果

日冕物质抛射的对地有效性

摘要

日冕物质抛射(CME)是空间灾害性天气事件的主要驱动源。在当前大力发展航天活动的趋势下，如何预报CME的空间天气效应，对准确掌握地球空间环境状况、提供空间环境保障具有重大意义。本项目在CME的日面源区特征、CME在行星际空间中的传播和演化及其地磁效应等方面进行了深入全面的观测和理论研究，并取得了如下重要成果：①发现了对地有效的CME的日面源区位置分布具有东西不对称性，西边的CME更容易到达并影响地球；②建立了至今唯一一个描述CME在行星际空间中偏转传播的运动学模型，在空间天气预报方面具有显著的应用前景；③率先从海量的观测数据中发现和确认多重磁云的存在；④从观测分析、理论模型和数值模拟等角度来系统地研究多个CME的相互作用，指出这类行星际复合抛射结构很可能具有强烈的地磁效应。这些成果是建立可靠的空间天气预报模式必要的观测和理论基础。

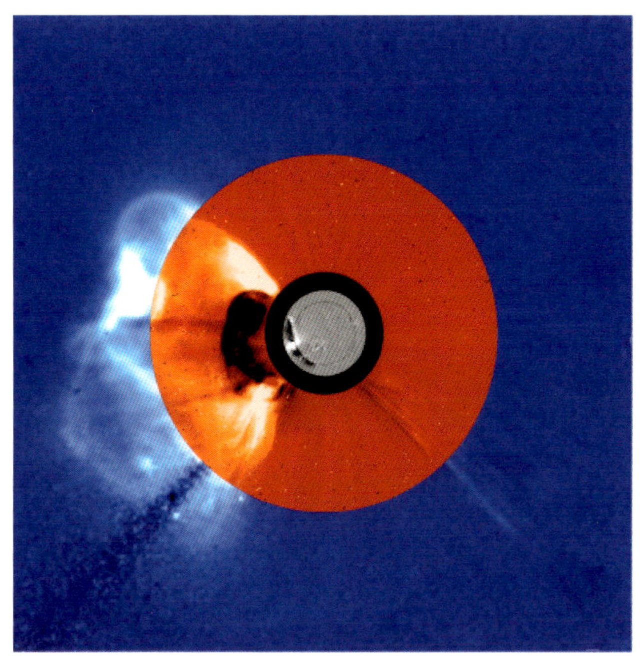

SOHO飞船观测到的日冕物质抛射，中间的灰色圆形球体是太阳

论文1首页（与获奖成果相关的最早发表论文）

JOURNAL OF GEOPHYSICAL RESEARCH, VOL. 107, NO. A11, 1340, doi:10.1029/2002JA009244, 2002

A statistical study on the geoeffectiveness of Earth-directed coronal mass ejections from March 1997 to December 2000

Y. M. Wang[1]
National Astronomical Observatories of China, Beijing, China

P. Z. Ye and S. Wang
School of Earth and Space Sciences, University of Science and Technology of China, Anhui, China

G. P. Zhou[2] and J. X. Wang
National Astronomical Observatories of China, Beijing, China

Received 3 January 2002; revised 28 May 2002; accepted 30 May 2002; published 2 November 2002.

[1] We have identified 132 Earth-directed coronal mass ejections (CMEs) based on the observations of the Large Angle Spectroscopic Coronagraph (LASCO) and Extreme Ultraviolet Imaging Telescope (EIT) on board of Solar and Heliospheric Observatory (SOHO) from March 1997 to December 2000 and carried out a statistical study on their geoeffectiveness. The following results are obtained: (1) Only 45% of the total 132 Earth-directed halo CMEs caused geomagnetic storms with $Kp \geq 5$; (2) The initial sites of these geoeffective halo CMEs are rather symmetrically distributed in the heliographic latitude of the visible solar disc, while asymmetrical in longitude with the majority located in the west side of the central meridian; (3) The frontside halo CMEs accompanied with solar flares (identified from GOES-8 satellite observations) seem to be more geoeffective; (4) Only a weak correlation between the CME projected speed and the transit time is revealed. However, for the severe geomagnetic storms (with $Kp \geq 7$), a significant correlation at the confidence level of 99% is found. *INDEX TERMS:* 2788 Magnetospheric Physics: Storms and substorms; 7519 Solar Physics, Astrophysics, and Astronomy: Flares; 2111 Interplanetary Physics: Ejecta, driver gases, and magnetic clouds; 1739 History of Geophysics: Solar/planetary relationships; 7513 Solar Physics, Astrophysics, and Astronomy: Coronal mass ejections; *KEYWORDS:* CME, geomagnetic storm

Citation: Wang, Y. M., P. Z. Yee, S. Wang, G. P. Zhou, and J. Wang, A statistical study on the geoeffectiveness of Earth-directed coronal mass ejections from March 1997 to December 2000, *J. Geophys. Res.*, *107*(A11), 1340, doi:10.1029/2002JA009244, 2002.

1. Introduction

[2] Coronal mass ejections (CMEs), the large-scale eruptions of plasma and magnetic fields from the Sun [*Hundhausen*, 1993], are now believed to be the main source of the strong interplanetary disturbances (including shocks) that cause many nonrecurrent geomagnetic storms [*Sheeley et al.*, 1985; *Gosling et al.*, 1991] and may also play a role in the largest recurrent storms as well [*Crooker and Cliver*, 1994; *Crooker and McAllister*, 1997]. However, it is not very clear yet what kinds of CMEs can result in large geomagnetic storms. In other words, it is still difficult to predict geomagnetic storms on the basis of the CME observations. Since CMEs can be approximated as spherically symmetric structures, halo CMEs are thought directing toward or away from the Earth [*Howard et al.*, 1982]. Those frontside halo CMEs, or the Earth-directed CMEs which initiate from the visible solar disc, are more likely to affect the geomagnetosphere than others. However, not all of the frontside halo CMEs can drive moderate to intense geomagnetic storms. A prediction based only on the occurrence of frontside halo CMEs often has a high "false alarm" rate [*St. Cyr et al.*, 2000].

[3] The connection between Earth-directed CMEs and geomagnetic storms has been discussed by *Brueckner et al.* [1998]. They discovered that all but two geomagnetic storms with $Kp \geq 6$ during the period from March 1996 through June 1997 could be associated with CMEs. The average travel time between the solar explosion and the onset of the maximum Kp value was ~80 hours. However, there were only eight events with $Kp \geq 6$ during their reported period. *Webb et al.* [2000] analyzed the relationship of halo CMEs, magnetic clouds, and geomagnetic storms. They found that all six halo CMEs that were likely Earth-directed were associated with shocks, magnetic clouds, and moderate geomagnetic storms at Earth 3–5 days later, during the solar minimum period from December 1996 to June 1997. These geomagnetic storms had peak Kp levels of 4 to 7 and peak Dst levels of −41 to −115, respectively.

[1]Also at School of Earth and Space Sciences, University of Science and Technology of China, Beijing, China.
[2]Also at Anhui University, Anhui, China.

0148-0227/02/2002JA009244$09.00

论文2首页（与获奖成果相关的最具代表性论文）

JOURNAL OF GEOPHYSICAL RESEARCH, VOL. 108, NO. A10, 1370, doi:10.1029/2003JA009850, 2003

Multiple magnetic clouds: Several examples during March–April 2001

Y. M. Wang, P. Z. Ye, and S. Wang
School of Earth and Space Sciences, University of Science and Technology of China, Hefei, China

Received 19 January 2003; revised 30 June 2003; accepted 15 July 2003; published 22 October 2003.

[1] Multiple magnetic cloud (Multi-MC), which is formed by the overtaking of successive coronal mass ejections (CMEs), is a kind of complex structure in interplanetary space. Multi-MC is worthy of notice due to its special properties and potential geoeffectiveness. Using the data from the ACE spacecraft, we identify the three cases of Multi-MC in the period from March to April 2001. Some observational signatures of Multi-MC are concluded: (1) Multi-MC only consists of several magnetic clouds and interacting regions between them; (2) each subcloud in Multi-MC is primarily satisfied with the criteria of isolated magnetic cloud, except that the proton temperature is not as low as that in typical magnetic cloud due to the compression between the subclouds; (3) the speed of solar wind at the rear part of the front subcloud does not continuously decrease, rather increases because of the overtaking of the following subcloud; (4) inside the interacting region between the subclouds, the magnetic field becomes less regular and its strength decreases obviously, and (5) β value increases to a high level in the interacting region. We find out that two of three Multi-MCs are associated with the great geomagnetic storms (Dst ≤ -200 nT), which indicate a close relationship between the Multi-MCs and some intense geomagnetic storms. The observational results imply that theMulti-MC is possibly another type of the interplanetary origin of the large geomagnetic storm, though not all of them have geoeffectiveness. Based on the observations from Solar and Heliospheric Observatory (SOHO) and GOES, the solar sources (CMEs) of these Multi-MCs are identified. We suggest that such successive halo CMEs are not required to be originated from a single solar region. Furthermore, the relationship between Multi-MC and complex ejecta is analyzed, and some similarities and differences between them are discussed. *INDEX TERMS:* 2111 Interplanetary Physics: Ejecta, driver gases, and magnetic clouds; 1739 History of Geophysics: Solar/planetary relationships; 7513 Solar Physics, Astrophysics, and Astronomy: Coronal mass ejections; 2788 Magnetospheric Physics: Storms and substorms; *KEYWORDS:* multiple magnetic clouds, coronal mass ejections, geomagnetic storms, interaction, interplanetary space

Citation: Wang, Y. M., P. Z. Ye, and S. Wang, Multiple magnetic clouds: Several examples during March–April 2001, *J. Geophys. Res.*, *108*(A10), 1370, doi:10.1029/2003JA009850, 2003.

1. Introduction

[2] Statistical studies show that nearly half of all ejecta were comprised by magnetic clouds (MCs) [*Klein and Burlaga*, 1982; *Gosling et al.*, 1992; *Cane et al.*, 1997]. The concept of magnetic cloud was proposed by *Burlaga et al.* [1981]. Enhanced magnetic field strength, long and smooth rotation of magnetic vector, and low proton temperature are the typical features of MC. In all kinds of the interplanetary ejecta, MCs are of most geoeffectiveness [e.g., *Farrugia et al.*, 1997; *Burlaga et al.*, 2001]. On the basis of 17 identifications of great geomagnetic storms during 1972 to 1983, *Burlaga et al.* [1987] concluded that at least 10 (59%) of the events were associated with magnetic clouds. After analyzing 10 intense geomagnetic storms (Dst < -100 nT) near solar maximum (1978–1979), *Tsurutani et al.* [1988] found that four (or five) of the events were related to the magnetic clouds.

0148-0227/03/2003JA009850$09.00

[3] In interplanetary space, complex structure exists due to the frequent and intricate solar activities. Generally, complex structure may involve fast shock, magnetic cloud, another high speed stream, corotating stream, and so on [*Burlaga et al.*, 1987; *Behannon et al.*, 1991; *Lepping et al.*, 1997; *Cane and Richardson*, 1997; *Crooker et al.*, 1998; *Knipp et al.*, 1998]. Near solar maximum, coronal mass ejections (CMEs) occur at a rate of ~3.5 events per day [*Webb and Howard*, 1994], and sometimes several CMEs originate from the same solar region within a relatively short interval [e.g., *Nitta and Hudson*, 2001]. Furthermore, CMEs are large-scale structures, especially in interplanetary space. Interaction also may occur between several CMEs in the nearly same directions even though they are not originated from the same region. Thus a complex structure formed due to the overtaking of a series of ejecta is expected in interplanetary medium during the solar maximum.

2012 年度陈嘉庚青年科学奖 信息技术科学奖

获奖人

高会军

1976年1月出生于黑龙江集贤。1995年在陕西第一工业学校中专毕业，1997年自学考试本科毕业，2005年在哈尔滨工业大学获博士学位。现为哈尔滨工业大学航天学院教授、智能控制与系统研究所所长、青年科协主席，第十一届全国青联委员，香港大学荣誉教授。

在鲁棒滤波、网络化控制及其在工业与航天中的应用等方面开展研究工作，研究成果发表在《IEEE自动控制汇刊》等国际权威期刊。发表论文SCI检索100余篇，SCI他引3000余次。在Automatica、《IEEE控制系统技术汇刊》等十余个著名国际期刊担任编委。曾获国家杰出青年科学基金，曾入选新世纪百千万人才工程国家级人选和新世纪优秀人才支持计划，曾获全国百篇优秀博士学位论文奖、国家自然科学二等奖、省自然科学一等奖、Scopus青年科学之星成就奖、加拿大Dorothy J. Killam博士后奖、黑龙江省政府特殊津贴、黑龙江省优秀教师等荣誉。2011年荣获中国青年五四奖章、中国青年科技奖；2012年入选长江学者特聘教授计划，并担任IEEE工业电子学会行政管理委员会委员；2013年获IEEE IES David Irwin青年事业成就奖。

获奖成果

网络环境下动态系统的分析与综合

摘要

通信网络对控制系统带来巨大变革的同时，也对传统控制理论提出了挑战，使网络环境下动态系统的分析与综合成为国际学术界与工业界研究的热点之一。获奖人以网络化复杂生产制造过程、航天器控制等工程项目为背景，针对通信网络所引起的时变传输延时、随机丢包、数据时序错乱、量化与编解码误差等问题，建立了网络化动态系统融合通信参量的统一数学模型，提出了双延时系统的稳定性分析新方法，给出了网络化系统状态及输出反馈控制器设计的凸优化算法，解决了网络传输情形下的系统状态估计及故障检测问题。这些研究形成了网络环境下动态系统建模、控制、估计及故障检测的完整理论体系。

▸ 指导学生
▾ 主持国际学术会议
▾ 和团队成员合影

论文1首页（与获奖成果相关的最早发表论文）

A Delay-Dependent Approach to Robust H_∞ Filtering for Uncertain Discrete-Time State-Delayed Systems

Huijun Gao and Changhong Wang

***Abstract*—A delay-dependent approach to robust H_∞ filtering is proposed for linear discrete-time uncertain systems with multiple delays in the state. The uncertain parameters are supposed to reside in a polytope and the attention is focused on the design of robust filters guaranteeing a prescribed H_∞ noise attenuation level. The proposed filter design methodology incorporates some recently appeared results, such as Moon's new version of the upper bound for the inner product of two vectors and de Oliveira's idea of parameter-dependent stability, which greatly reduce the overdesign introduced in the derivation process. In addition to the full-order filtering problem, the challenging reduced-order case is also addressed by using different linearization procedures. Both full- and reduced-order filters can be obtained from the solution of convex optimization problems in terms of linear matrix inequalities, which can be solved via efficient interior-point algorithms. Numerical examples have been presented to illustrate the feasibility and advantages of the proposed methodologies.**

***Index Terms*—Delay-dependence, linear matrix inequality, polytopic uncertainty, robust H_∞ filtering, time-delay systems.**

I. Introduction

STATE estimation has been widely studied and has found many practical applications during the past four decades. When *a priori* information on the external noises is not precisely known, the celebrated Kalman filtering scheme is no longer applicable. In such cases, H_∞ filtering was introduced in 1989 [1], in which the input signal is assumed to be energy bounded, and the main objective is to minimize the H_∞ norm of the filtering error system. Ever since, much work has been done for the design of H_∞ filters in various settings such as systems with uncertainties [2]–[5] and with delays [6]–[9] by means of the linear matrix inequality (LMI) [2]–[4], [6]–[8] as well as Riccati-like approaches [5], [9].

This paper is interested in the H_∞ filtering problem for discrete-time state-delayed systems with polytopic uncertainties, which has been investigated in [8]. The results obtained in [8] are delay-independent, providing admissible filters with H_∞ noise attenuation performance, irrespective of the size of delay (i.e., the time delays are allowed to be arbitrarily large). The delay-independent approach has been generally considered to be more conservative than the delay-dependent one, especially in situations where delays are small [10], [11]. However, to the best of the authors' knowledge, no delay-dependent filtering result for discrete-time systems has been reported in the literature.

In this paper, we first derive a delay-dependent LMI representation of H_∞ performance for the filtering analyses of discrete-time state-delayed systems. This bounded real lemma is derived on a new version of the upper bound for the inner product of two vectors [12], which enables us to obtain much less conservative results. Instead of directly extending the performance condition to polytopic uncertain systems, we further modify the obtained criterion by adopting the idea of parameter-dependent stability proposed in [13] to obtain another LMI representation. This resulting condition exhibits a kind of decoupling between the positive matrices and the system matrices, which is enabled by the introduction of additional slack variables and enables us to obtain a parameter-dependent performance condition when extended to polytopic uncertain cases. The full-order robust H_∞ filtering problem addressed in [8] is then revisited upon this delay- and parameter-dependent LMI representation. The obtained filter design procedure is shown, via numerical examples, to be much less conservative than that obtained in [8]. In addition, we investigate the reduced-order filtering problem, which still remains challenging in the filtering area. Since the reduced-order filtering problem cannot be directly handled by the standard derivation, a different linearization procedure has been adopted to keep the problem tractable. Both the full- and reduced-order filter designs are finally cast into convex optimization problems in terms of LMIs, which can be solved via efficient interior-point algorithms [14], [15].

The notation used throughout the paper is fairly standard. The superscript "T" stands for matrix transposition, R^n denotes the n dimensional Euclidean space, $R^{m\times n}$ is the set of all $m \times n$ real matrices, and the notation $P > 0$ for $P \in R^{n\times n}$ means that P is symmetric and positive definite. In addition, in symmetric block matrices or long matrix expressions, we use $*$ as an ellipsis for the terms that are induced by symmetry and $\mathrm{diag}\{\cdots\}$ stands for a block-diagonal matrix.

II. Problem Formulation

Consider the following uncertain discrete-time linear system with multiple delays in the state:

Manuscript received July 26, 2002; revised July 31, 2003. This work was supported in part by the National Natural Science Foundation of China under Grant 69874008. The associate editor coordinating the review of this paper and approving it for publication was Dr. Karim Abed-Meraim.

The authors are with the Inertial Navigation Center, Harbin Institute of Technology, Harbin, 150001, China (e-mail: hjgao@hit.edu.cn, gdzxchw@hit.edu.cn).

Digital Object Identifier 10.1109/TSP.2004.827188

论文2首页（与获奖成果相关的最具代表性论文）

ELSEVIER

Available online at www.sciencedirect.com

Automatica 44 (2008) 39–52

automatica

www.elsevier.com/locate/automatica

A new delay system approach to network-based control☆

Huijun Gao[a,*], Tongwen Chen[b], James Lam[c]

[a]Space Control and Inertial Technology Research Center, Harbin Institute of Technology, Harbin 150001, PR China
[b]Department of Electrical and Computer Engineering, University of Alberta, Edmonton, Alta., Canada T6G 2V4
[c]Department of Mechanical Engineering, University of Hong Kong, Hong Kong

Received 18 April 2006; received in revised form 4 December 2006; accepted 25 April 2007
Available online 3 October 2007

Abstract

This paper presents a new delay system approach to network-based control. This approach is based on a new time-delay model proposed recently, which contains multiple successive delay components in the state. Firstly, new results on stability and $\mathscr{H}_\infty$ performance are proposed for systems with two successive delay components, by exploiting a new Lyapunov–Krasovskii functional and by making use of novel techniques for time-delay systems. An illustrative example is provided to show the advantage of these results. The second part of this paper utilizes the new model to investigate the problem of network-based control, which has emerged as a topic of significant interest in the control community. A sampled-data networked control system with simultaneous consideration of network induced delays, data packet dropouts and measurement quantization is modeled as a nonlinear time-delay system with two successive delay components in the state and, the problem of network-based $\mathscr{H}_\infty$ control is solved accordingly. Illustrative examples are provided to show the advantage and applicability of the developed results for network-based controller design.

Keywords: Linear matrix inequality (LMI); Networked control systems (NCSs); Sampled-data systems; Stability; Time-delay systems

1. Introduction

Time-delay systems, also called systems with after effect or dead time, hereditary systems, equations with deviating argument or differential–difference equations, have been an active research area for the last few decades. The main reason is that many processes include after-effect phenomena in their inner dynamics, and engineers require models to behave more like real processes due to the ever-increasing expectations of dynamic performance. There have been a great number of research results concerning time-delay systems scattered in the literature. To mention a few, stability analysis is carried out in He, Wang, Lin, and Wu (2007), He, Wang, Xie, and Lin (2007b), He, Wu, She, and Liu (2004), Lin, Wang, and Lee (2006), Xia and Jia (2002); stabilizing and $\mathscr{H}_\infty$ controllers are designed in Hua, Guan, and Shi (2005), and Zhang, Wu, She, and He (2005); robust filtering is addressed in Gao and Wang (2004), Liu, Sun, He, and Sun (2004), Wang and Burnham (2001), Wang, Huang, and Unbehauen (1999); and model reduction/simplification is investigated in Gao, Lam, Wang, and Xu (2004) and Xu, Lam, Huang, and Yang (2001). The importance of the study on time-delay systems is further highlighted by the recent survey paper (Richard, 2003) and monographs (Gu, Kharitonov, & Chen, 2003; Niculescu, 2001).

Closely related to time-delay systems, network-based control has emerged as a topic of significant interest in the control community. It is well known that in many practical systems, the physical plant, controller, sensor and actuator are difficult to be located at the same place, and thus signals are required to be transmitted from one place to another. In modern industrial systems, these components are often connected

☆ This paper was not presented at any IFAC meeting. This paper was recommended for publication in revised form by Associate Editor Hitay Ozbay under the direction of Editor Ian petersen. This work was partially supported by Natural Sciences and Engineering Research Council of Canada, National Natural Science Foundation of China (60528007, 60504008), Program for New Century Excellent Talents in University, China, an Alberta Ingenuity Fellowship, an Honorary Izaak Walton Killam Memorial Postdoctoral Fellowship, and RGC HKU 7031/06P.

* Corresponding author. Tel.: +86 451 86402350; fax: +86 451 86418091.
E-mail addresses: hjgao@hit.edu.cn (H. Gao), tchen@ece.ualberta.ca (T. Chen), james.lam@hku.hk (J. Lam).

0005-1098/$ - see front matter © 2007 Elsevier Ltd. All rights reserved.
doi:10.1016/j.automatica.2007.04.020

2012 年度陈嘉庚青年科学奖 技术科学奖

获奖人

成永军

1975年4月18日出生于甘肃会宁。1998年毕业于西北工业大学，同年进入中国航天科技集团公司第五研究院第五一零研究所工作至今。2008年晋升为高级工程师。现任中国航天科技集团公司第五研究院第五一零研究所真空计量研究室副主任、真空一级计量站副站长，被聘为中国计量测试学会真空计量专业委员会委员、计量主考人。

一直从事真空计量学领域的实验研究工作。作为项目负责人和主要完成人，研制出我国首台超高/极高真空标准、恒压式正压漏孔标准、极小气体流量测量标准、新一代静态膨胀法真空基础标准等多台真空计量标准，进一步完善了我国真空量传体系。已获授权国家发明专利15项，在国内外学术刊物发表论文60余篇。曾先后荣获科技进步一等奖、技术发明二等奖等。

◂ 在英国剑桥大学国王学院门口留影

▾ 在英国参加深空探测相关知识培训和交流

获奖成果

非蒸散型吸气剂在真空计量标准校准下限延伸中的应用

摘要

首次提出利用非蒸散型吸气剂延伸真空标准校准下限的方法，取得了显著成效。将非蒸散型吸气剂应用于静态膨胀法真空标准中，以惰性气体作为校准气体时，非蒸散型吸气剂既维持了校准室中的高真空本底，又不改变校准室内惰性气体的气体量，从而保证气体静态膨胀时玻意耳定律严格成立，使标准压力能够准确计算，有效将静态膨胀法真空标准的校准下限从国际最好水平（10^{-5}Pa）延伸到了10^{-7}Pa，为静态膨胀法的研究提供了另一条思路。将非蒸散型吸气剂用在超高/极高真空标准中，以惰性气体校准时，非蒸散型吸气剂既维持了校准室内极高真空本底，又不改变对校准室的有效抽速，保证了动态流量法原理严格成立，首次将国内真空校准能力的下限延伸到了10^{-10}Pa量级的极高真空范围。

▾ 和德国科研人员调试实验设备

▾ 指导研究生工作

论文1首页（与获奖成果相关的最早发表论文）

Vacuum-calibration apparatus with pressure down to 10^{-10} Pa

Detian Li, Meiru Guo, Yongjun Cheng,[a] Yan Feng, and Dixin Zhang

National Key Laboratory of Vacuum and Cryogenics Technology and Physics, Lanzhou Institute of Physics, Lanzhou 730000, China

(Received 28 October 2009; accepted 7 June 2010; published 2 September 2010)

The vacuum-calibration apparatus is mainly composed of the extreme high-vacuum (XHV) system, ultrahigh vacuum system, and separated-flow system. The ultimate pressure of 7.9×10^{-10} Pa was obtained in the XHV calibration chamber by combining the magnetically levitated turbomolecular pump and nonevaporable getter pump (NEGP). The separated-flow method was used to extend the lower limit of vacuum-gauge calibration to 10^{-10} Pa. The uncertainty at lower limit was reduced when taking inert gases as test gases because NEGP has no pumping speed for inert gases. For this apparatus, the combined standard uncertainties were estimated to range from 1.5% at 10^{-4} Pa to 3.5% at 10^{-10} Pa. © *2010 American Vacuum Society.* [DOI: 10.1116/1.3457934]

I. INTRODUCTION

The measurements of ultrahigh vacuum/extreme high-vacuum (UHV/XHV) are widely applied to the simulation of interstellar space, the equipment for analysis of vacuum surface, accelerators, the processing of advanced semiconductor devices, and some other specialized applications. The UHV/XHV gauges are the main tools for measurements of UHV/XHV. To ensure accurate pressure measurement, it is necessary to calibrate these gauges accurately for reliability of the application in UHV and XHV. The methods of calibrating the gauges commonly used down to the high-vacuum region are the static-expansion method, dynamic-flow method, conductance-modulation method, molecular-beam method, and pressure-attenuation method.[1–5]

To meet the requirement of calibrating UHV/XHV gauges, a calibration apparatus of UHV/XHV with separated-flow method was developed at the Lanzhou Institute of Physics. In this article, the performances of the UHV/XHV calibration apparatus are described in detail.

II. CALIBRATION APPARATUS

Figure 1 shows the scheme of the UHV/XHV calibration apparatus. As can be seen in Fig. 1, the calibration apparatus can be roughly divided into three parts, that is, XHV system, UHV system, and separated-flow system.

A. XHV system

The XHV calibration chamber is 250 mm in diameter and 250 mm in height. To reduce the outgassing quantity, XHV chamber is made of stainless steel SUS316L with the vacuum fired at 950 °C for more than 2 h. In order to ensure enough pumping speed from one side and to obtain the state of thermodynamic equilibrium, and reduce the nonuniform molecular distribution state and the molecular beam effect in the calibration chamber from another side, the diameter of the pumping orifice was selected to be 33 mm. The conductance of this orifice is 0.1 m^3/s for N_2. The ultimate pressure in the XHV calibration chamber is measured by extractor-gauge IE514, of which the measurement range is from 2×10^{-10} to 1×10^{-2} Pa. A quadrupole mass spectrometer QME 200 from Balzers is fixed on the XHV calibration chamber to analyze residual gases and detect leak.

The XHV pumping system is the combination of MTMP MAG W 2200 from Leybold, molecular pump TW70 from Leybold, dry pump, and NEGP CapaciTorr B-1300-2 from Saes Getters. To increase the pumping capability for the low compression ratio gases, especially for H_2 and He, two turbomolecular pumps are used in series. In addition, the nonevaporable getter pump (NEGP) has large pumping speed for H_2 and no pumping speed for inert gases, so the NEGP can improve the degree of vacuum without changing the effective pumping speed to the XHV calibration chamber when inert gases are used as test gases.

B. UHV system

The material, physical structure, and the material treatment processing of UHV calibration chamber are the same as that of the XHV calibration chamber. The ultimate pressure in the UHV calibration chamber is measured by the cold-cathode ionization gauge IKR270, of which the measurement range is from 5×10^{-9} to 1 Pa.

The UHV pumping system is the combination of two turbomolecular pumps. The pumping speeds of the main and auxiliary molecular pump are 500 and 110 l/s, respectively. The backing pump is the rotary pump GLD-201 from Ulvac. The UHV gate valve SHV-CBF-160M is fixed between the molecular pump and UHV pumping chamber.

C. Separated-flow system

The separated-flow system is mainly composed of the flowmeter and separated-flow chamber. To make the operation simple and easy, a constant-conductance-method gas flowmeter is used to increase the reliability for gas-flow measurement. The constant-conductance method gas flowmeter is mainly composed of orifice with constant conductance, ballast chamber, capacitance-diaphragm gauges, gas bottle, valves, and vacuum pumps. The orifice with a nominal di-

[a]Electronic mail: chyj750418@163.com

论文2首页（与获奖成果相关的最具代表性论文）

Applications of non evaporable getter pump in vacuum metrology

Li Detian, Cheng Yongjun*

Science and Technology on Vacuum & Cryogenics Technology and Physics Laboratory, Lanzhou Institute of Physics, Lanzhou 730000, China

ARTICLE INFO

Article history:
Received 20 July 2010
Received in revised form
12 October 2010
Accepted 12 November 2010

Keywords:
Non evaporable getter pump
Vacuum metrology
Extension of calibration lower limit

ABSTRACT

Applications of non evaporable getter pump in vacuum metrology are reviewed and discussed with a special focus on static expansion primary vacuum standard, and flow division method ultra-high vacuum (UHV) and extremely high vacuum (XHV) standard. The results obtained show that the non evaporable getter pump is suited for extending the calibration lower limit, and it is a valuable supplement to the basic methods. The feasibility of use of non evaporable getter pump in constant conductance method vacuum leak standard is also discussed.

1. Introduction

Non Evaporable Getter (NEG) technology has been developed in the 1970's and since then adopted by industry, R&D labs, research centres and in large physics projects like accelerators, synchrotrons and fusion reactors [1–3]. NEG pumps are very compact and vibration-free devices able to deliver very high pumping with minimal power requirement and electromagnetic interference. NEG pumps have two remarkable characteristics, one is the large pumping speed for active gases, especially for H_2 at ambient temperature, and the other is the virtually zero pumping speed for inert gases. Thus the use of NEG pumps in dynamic flow method primary vacuum standard can help to remove the residual gases without changing the effective pumping speed to the calibration chamber when an inert gas is used as the test gas, which decreases the uncertainty at the lower calibration limit. The use of NEG pumps in static expansion method primary vacuum standard can eliminate the outgassing influence and maintain ultra-high vacuum background without changing gas quantity in the calibration chamber when inert gas is used as test gas, which extends he lower calibration limit.

In the present paper, applications of NEG pumps in vacuum metrology are reviewed and discussed with a special focus on static expansion primary vacuum standard, and flow division method ultra-high vacuum (UHV) and extremely high vacuum (XHV) standard. The feasibility of use of NEG pumps in constant conductance method vacuum leak standard is also discussed.

* Corresponding author.
E-mail address: chyj750418@163.com (C. Yongjun).

0042-207X/$ – see front matter © 2010 Elsevier Ltd. All rights reserved.
doi:10.1016/j.vacuum.2010.11.008

2. Use of NEG pumps in static expansion primary vacuum standard

The static expansion method was first used to calibrate vacuum gauges by Knudsen in 1910. Since then, it has become one of the most widely used vacuum standards all over the world.

Due to the outgassing effect of inner surface of calibration chamber, normally the lower limit of pressures that can be generated with a reasonable accuracy with the static expansion vacuum standard is 10^{-4} or 10^{-5} Pa [4]. In order to reduce the impact of the outgassing effect on the calibrations performed by the static expansion standard and increase the lower limit, the popular measures are to polish the inner surface of the vacuum chamber and the use of high temperature bakeout. But the two methods do not completely eliminate the outgassing. Therefore, the extension of lower limit for static expansion vacuum standard continues to be a challenging work.

In order to extend the lower pressure limit of static expansion vacuum standard, a new way is demonstrated by using NEG pumps.

2.1. Apparatus structure

The apparatus [5] is shown schematically in Fig. 1. It is mainly composed of the initial pressure measurement system, pressure reduction system and a pumping system.

The DPG8 digital piston manometer and DHFRS5 digital micro-pressure piston manometer are used to measure the initial pressures. The full-scale is 160 kPa for DPG8 and 11 kPa for DHFRS5.The pressure decay system is composed of the sampling vessels and calibration chambers. The sampling vessels include two first-stage

3 第叁篇

陈嘉庚科学奖报告会

为了进一步宣传陈嘉庚科学奖及其宗旨，加强陈嘉庚科学奖的品牌建设，2009年2月16日召开的基金会工作机构会议决定于2009年起举办陈嘉庚科学奖报告会，邀请历届陈嘉庚科学奖获得者（包括其前身陈嘉庚奖的获得者）作报告。举办报告会，一方面，符合《陈嘉庚科学奖基金会章程》的要求，基金会的公益活动除了组织推荐和评选陈嘉庚科学奖这一重要、核心的工作外，还包括组织相应的学术报告会和其他活动；另一方面，陈嘉庚科学奖基金会成立不久，需要通过适当的宣传让科技界和全社会了解，以扩大陈嘉庚科学奖的影响，以期提高推荐的质量与数量。因此，邀请获奖科学家作报告成为自然且恰当的选择。

陈嘉庚科学奖报告会也是一件有重要意义的科普工作，通过邀请获奖科学家介绍自己的成长经历和学术贡献，向社会普及科学知识、倡导科学方法、传播科学思想、弘扬科学精神。为此，基金会每次都邀请媒体参与，通过网上直播、新闻报道等形式尽可能增强报告会的宣传效果。为扩大报告会的影响，除在北京等科技教育比较发达的地区举办外，报告会在新疆等西部地区也受到了热烈欢迎，将报告会扩展至全国是基金会的目标。

另外，陈嘉庚先生是我国近代史上蜚声全球的华侨领袖，为我国科教事业做出了卓越贡献，但新一代年青人对陈嘉庚先生的事迹并不了解。因此，通过举办陈嘉庚科学奖报告会，让年青一代了解陈嘉庚精神、学习陈嘉庚精神也是一件非常有意义的工作。截至2012年，基金会共在北京、厦门、深圳、新疆、合肥等地举办陈嘉庚科学奖报告会11场，听众达4000余人。

陈嘉庚科学奖报告会一览表

陈嘉庚科学奖报告会						
	报告人	获奖年度	获奖奖项	报告题目	举办时间	举办地点
首场	安芷生	2008	陈嘉庚地球科学奖	黄土与东亚季风变迁	2009年4月18日	中国科学院
	饶子和	2006	陈嘉庚生命科学奖	SARS与禽流感病毒的蛋白质结构		
第二场	赵忠贤	1988	陈嘉庚物质科学奖	科技进步、科技创新与转化——科学技术服务于科学发展	2009年11月11日	中国银行总行
第三场	范海福	2006	陈嘉庚数理科学奖	漫漫路上——我的科研经历和感悟	2010年4月16日	北京大学

续表

陈嘉庚科学奖报告会						
	报告人	获奖年度	获奖奖项	报告题目	举办时间	举办地点
第四场	彭实戈	2008	陈嘉庚数理科学奖	积分、非线性期望与金融风险的定量计算	2010年12月7日	南方科技大学
	杨学明	2010	陈嘉庚化学科学奖	化学反应的量子特性		
第五场	侯建国	2008	陈嘉庚化学科学奖	分子尺度的量子调控	2011年4月7日	厦门大学
	饶子和	2006	陈嘉庚生命科学奖	蛋白质结构与药物		
	涂传诒	2006	陈嘉庚地球科学奖	太阳爆发对人类活动的影响——空间天气		
	王小云	2006	陈嘉庚信息技术科学奖	浅谈密码数学问题		
第六场	白以龙	2010	陈嘉庚数理科学奖	灾变破坏和力学	2011年11月1日	南开大学
	陈创天	1988	陈嘉庚物质科学奖	KBBF族晶体的发现和应用		
第七场	安芷生	2008	陈嘉庚地球科学奖	中国的大气气溶胶：过去、现在和未来	2012年4月26日	清华大学
	刘盛纲	1999	陈嘉庚信息科学奖	太赫兹科学技术的新发展		
第八场	侯建国	2008	陈嘉庚化学科学奖	创新和创新人才培养	2012年7月9日	新疆大学
	王小云	2006	陈嘉庚信息技术科学奖	密码与网络安全		
第九场	谢华安	1999	陈嘉庚农业科学奖	超级稻再生高产实践与展望	2012年7月9日	石河子大学
第十场	饶子和	2006	陈嘉庚生命科学奖	病毒与药物	2012年9月28日	集美大学
	汪毓明	2012	陈嘉庚青年科学奖（地球）	2012灾难会来吗——从太阳风暴到空间灾难		
第十一场	薛其坤	2012	陈嘉庚数理科学奖	非常规高温超导到底非常规在什么地方	2012年10月15日	中国科技大学
	杨学明	2010	陈嘉庚化学科学奖	创新科学仪器是科学发展的重要原动力——我的实验物理化学研究之路		
	王小云	2006	陈嘉庚信息技术科学奖	数据完整性与信息认证密码技术——Hash函数		

首场报告会在中国科学院举行

2009年4月18日，在中国科学院、中国银行、科技部等部门的支持下，基金会在中国科学院国家科学图书馆举行了陈嘉庚科学奖首场报告会。2008年度陈嘉庚地球科学奖获得者、中国科学院院士、第三世界科学院院士、中国科学院地球环境研究所安芷生研究员和2006年度陈嘉庚生命科学奖获得者、中国科学院院士、第三世界科学院院士、南开大学校长饶子和教授分别做了题为“黄土与东亚季风变迁”和“SARS与禽流感病毒的蛋白质结构”的报告。

安芷生院士在报告中揭示了我国黄土由季风形成，并进一步阐述了我国所处的东亚季风带对环境（如高原隆升和气候变化）的影响。

饶子和院士从蛋白质精细结构测定的意义及历史上中国科学家在蛋白质结构研究方面的贡献出发，着重介绍了他所领导的实验室在线粒体呼吸电子传递链复合物Ⅱ三维精细结构的测定，以及影响我国国民身体健康的SARS、禽流感、艾滋病、乙肝及手足口病等重大传染病病原体蛋白质结构测定与解析方面的研究工作进展。

▲2008年度陈嘉庚地球科学奖获得者安芷生院士作报告

▲2006年度陈嘉庚生命科学奖获得者饶子和院士作报告

▲基金会秘书长王恩哥院士主持报告会

来自首都高校和科研院所的科研骨干及研究生300余人参加了报告会。

中国科学院副秘书长、中国科学院学部主席团秘书长、基金会秘书长王恩哥院士主持报告会并简要介绍了陈嘉庚科学奖相关情况。中国科学院副院长、基金会副理事长李静海院士，基金会理事、科技部基础司司长张先恩，中国科学院院士工作局副局长、基金会副秘书长刘峰松，中国银行金融市场总部总经理（代客）、基金会理事兼副秘书长章砚，中国科学院青藏高原研究所所长姚檀栋院士等出席了报告会。

《科学时报》中国科学院网、科学网、陈嘉庚科学奖基金会网站对活动进行了报道。

▲2009年4月18日，中国科学院国家科学图书馆首场报告会嘉宾合影

左起：章砚、王恩哥、安芷生、李静海、饶子和、张先恩、刘峰松

获奖科学家走进中国银行

中国银行作为陈嘉庚科学奖基金会的出资单位，一直非常支持、关心陈嘉庚科学奖基金会的发展。2009年11月11日，应中国银行邀请，首届陈嘉庚物质科学奖获得者、中国科学院院士、第三世界科学院院士、中国科学院物理研究所赵忠贤研究员走进中国银行总行，做了题为“科技进步、科技创新及转化——科学技术服务于科学发展”的科普报告。

赵忠贤院士从科技进步对社会经济发展的影响和新形势下科技发展的热点出发，讲述了如何发扬两弹一星精神及如何在开放的条件下坚持自力更生和自主创新。

◂ 1988年度陈嘉庚物质科学奖获得者赵忠贤院士作报告
▸ 中国科学院副院长、基金会副理事长李静海出席报告会
▾ 中国科学院副秘书长、基金会理事兼秘书长王恩哥院士出席报告会

报告会由中国银行行办赵蓉主任主持，基金会副秘书长、中国科学院院士工作局刘峰松副局长在报告会前向大家简要介绍了陈嘉庚科学奖及其前身陈嘉庚奖自1988年设立以来的发展情况。

基金会副理事长、中国科学院副院长李静海院士，中国科学院副秘书长、中国科学院学部主席团秘书长、基金会理事兼秘书长王恩哥院士及中国银行有关领导出席了报告会。报告会前，中国银行李礼辉行长与中国科学院李静海副院长、王恩哥秘书长、赵忠贤院士就基金会今后的发展进行了会谈。

来自中国银行、中国科学院京区研究所、首都高校的听众及社会公众约300人参加了报告会。

中国科学院网、中国银行官方网站、中资银行网、科学网、《科学时报》等媒体对此次报告会进行了报道。

▼2009年11月11日报告会现场

获奖科学家走进母校——北京大学

2006年度陈嘉庚数理科学奖获得者、中国科学院院士、第三世界科学院院士、中国科学院物理研究所范海福研究员1951年进入北京大学化学系学习，从此踏上晶体学研究的征途。

2010年4月16日，范海福院士作为陈嘉庚科学奖获奖科学家走进母校，在北京大学英杰交流中心做了题为“漫漫路上——我的科研经历和感悟”的报告，与来自北京大学的200多名莘莘学子分享了自己的科研经验与人生历程。

报告会由北京大学研究生院王仰麟副院长主持。基金会副秘书长、中国科学院院士工作局刘峰松副局长、北京大学化学科学院刘虎威书记、马玉国副书记及来自北京大学、中国科学院相关研究所的师生及社会公众约200人参加了报告会。

报告会由基金会与北京大学共同主办。此次报告会由中国科学院院网进行网上直播，北京大学官方网站、《科学时报》及科学网对本场报告会进行了报道。

◂ 2006年度陈嘉庚数理科学奖获得者范海福院士作报告

▾ 报告会嘉宾合影

左起：马玉国、刘虎威、范海福、刘峰松、王仰麟

▸ 2010年4月16日报告会现场

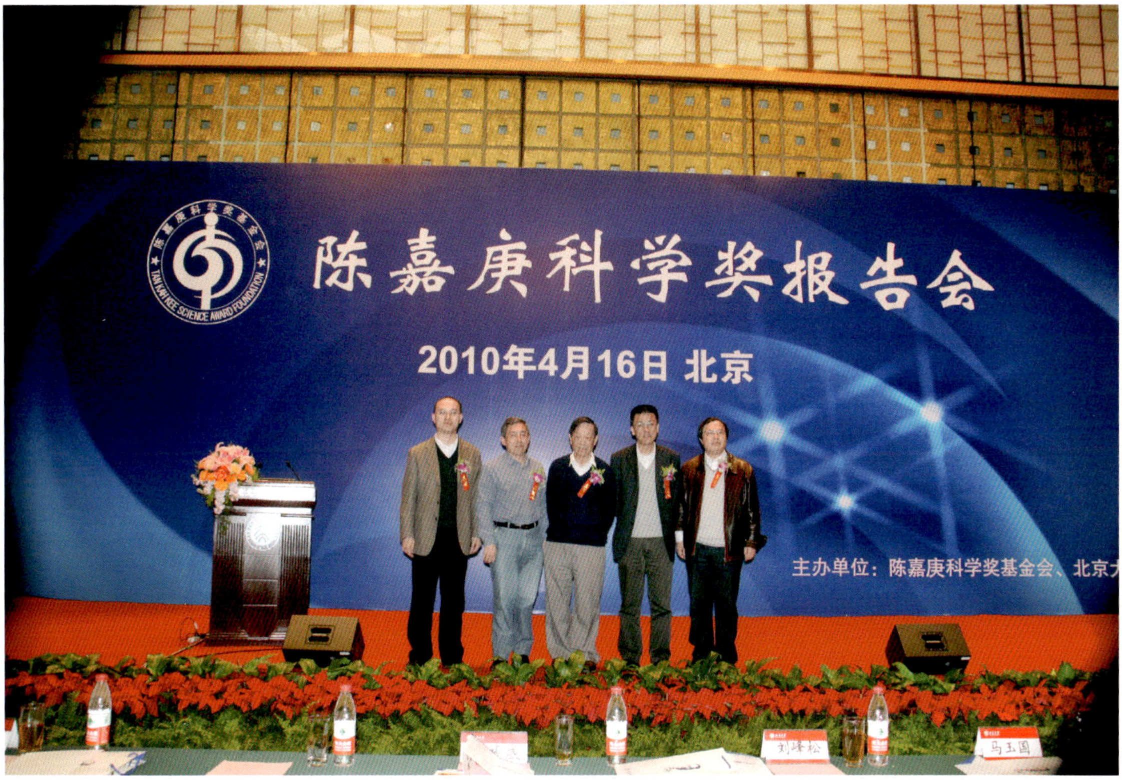
陈嘉庚科学奖基金会
TAN KAH KEE SCIENCE AWARD FOUNDATION
陈嘉庚科学奖报告会
2010年4月16日 北京
主办单位：陈嘉庚科学奖基金会、北京大

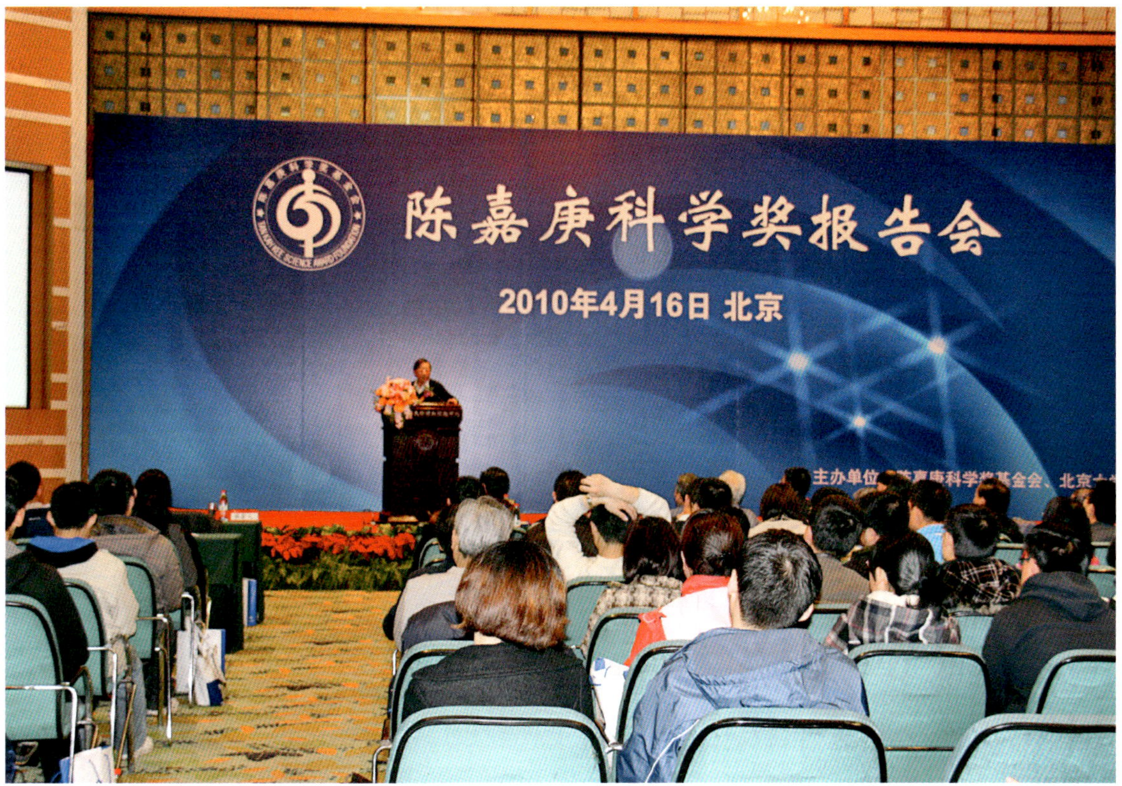

陈嘉庚科学奖报告会
2010年4月16日 北京

报告会在深圳举行

在中国改革开放的历史进程中，深圳是一个具有标志性意义的城市。借鉴世界一流大学办学模式，以建设创新型大学为目标的南方科技大学坐落于这座城市。应南方科技大学朱清时校长的邀请，2010年12月7日，2008年度陈嘉庚数理科学奖获得者、中国科学院院士、山东大学彭实戈教授和 2010年度陈嘉庚化学科学奖获得者、中国科学院院士、中国科学院大连化学物理研究所杨学明研究员走进南方科技大学，与来自深圳高校和科研院所的科研骨干、学生共同探讨了“积分、非线性期望与金融风险的定量计算”与“化学反应的量子特性”方面的学术问题。

彭实戈院士在报告中简述了历史上几位著名数学家对风险领域所作的研究和探索，并重点介绍了国际学术界在这个领域的最新进展及其自身研究所获得的一系列研究成果，涉及古典的积分、概率分析和计算方法及其最近提出的非线性数学期望和倒向随机分析方法。

杨学明研究员在报告中讲述了其实验室近年来在分子反应动力学领域取得的一系列新的研究成果。详细介绍了对多个简单化学反应过程（如$H+H_2$反应、化学激光体系$F+H_2$反应）的量子动力学研究，并以此揭示了化学反应中的量子现象（如化学反应动力学中的共振现象）的主要机理。

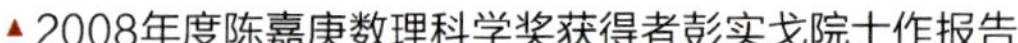
▲ 2008年度陈嘉庚数理科学奖获得者彭实戈院士作报告

▲ 2010年度陈嘉庚化学科学奖获得者杨学明院士作报告

▲南方科技大学校长朱清时院士主持报告会

▲2010年12月7日，南方科技大学校长朱清时院士、获奖者彭实戈院士步入报告会场

报告会由南方科技大学校长朱清时院士主持，中国科学院院士工作局局长、基金会理事兼秘书长周德进简要介绍了陈嘉庚科学奖有关情况，深圳大学生命科学院院长、中国科学院院士倪嘉赞出席了报告会，约200名大学生及科研人员参加了报告会。

本次报告会由基金会主办、南方科技大学承办、中国科学院深圳院士活动基地协办。《深圳特区报》、《南方都市报》、中国教育网、深圳之窗、中国网络电视台报道了本场报告会。

▼听众提问

庆祝厦门大学90华诞

2011年4月7日，在陈嘉庚先生创建的厦门大学90周年校庆之际，基金会携手厦门大学共同举办陈嘉庚科学奖报告会。

2008年度陈嘉庚化学科学奖获得者、中国科学院院士、第三世界科学院院士、中国科技大学校长侯建国教授做了题为“分子尺度的量子调控”的报告；2006年度陈嘉庚生命科学奖获得者、中国科学院院士、清华大学特聘教授、第三世界科学院院士、曾任南开大学校长的饶子和教授做了题为“蛋白质结构与药物”的报告；2006年度陈嘉庚地球科学奖获得者、中国科学院院士、第三世界科学院院士、北京大学涂传诒教授做了题为“太阳爆发对人类活动的影响——空间天气”的报告；2006年度陈嘉庚信息技术科学奖获得者、清华大学杨振宁讲座教授王小云做了题为“浅谈密码数学问题”的报告。

侯建国院士在报告中提到：现在人们都离不开电子器件，包括计算机、手机，这些东西都是由一系列的电子元件构成。能不能继续把电子器件尺寸做得更小，能耗更小，同时功能更强大呢？现在的能源问题是大家谈论的热点，能不能制造出一些新的化学剂，用新的化学方法，直接利用太阳能从海上获取氢

▲厦门大学校长朱崇实教授致辞

▲陈嘉庚科学奖基金会秘书长周德进致辞

▲2008年度陈嘉庚化学科学奖获得者侯建国院士作报告

▲2006年度陈嘉庚生命科学奖获得者饶子和院士作报告

▲2006年度陈嘉庚地球科学奖获得者涂传诒院士作报告

▲2006年度陈嘉庚信息技术科学奖获得者王小云教授作报告

气，为人类提供能源呢？侯建国院士认为，在量子的世界中任何事情都是可能的，材料的性质会发生很多的变化，而未来的挑战则是寻找像纸一样轻、像铁一样坚硬的材料。

饶子和院士在报告中介绍了SARS爆发的背景、SARS病毒主要蛋白酶及其复合物的结构；讲述了线粒体膜蛋白复合物II的精细结构，阐述了其作用的生物学机理和与线粒体疾病的关系，以及结核病毒和流感病毒的特征等。

涂传诒院士在报告中讲述了太阳的耀斑爆发和日冕物质抛射等物理现象，以及这些现象对空间环境的影响；指出了太阳爆发对人类的影响；分析了太阳风的形成、地球磁层与太阳风的关系。他认为，空间天气现象是小概率大伤害事件，太阳爆发的对地效应对宇航员、航天器、通信、电力系统等都会造成损伤，太阳活动和空间天气现象与人类认识宇宙世界及人类自身活动息息相关。

王小云教授从格密码出发浅谈密码数学问题，报告主要回顾了密码数学理论所涉及的主要领域及基本内容，介绍了不同数学分支的基础数学问题在密码体制安全性保障及安全性分析中所起的作用，并特别介绍了密码数学理论的学科交叉特点及密码理论特有的理论体系与研究方法。

报告会由厦门大学副校长张颖教授主持，厦门大学校长朱崇实教授和中国科学院院士工作局局长、基金会秘书长周德进同志分别致辞。共有来自厦门大学及其他高校的老师和学生近800人参加了报告会。

本场报告会开启了陈嘉庚科学奖基金会与陈嘉庚先生的故地——厦门合作的大门，也为扩大陈嘉庚科学奖的影响力开辟了新的沃土。

◂2011年4月7日，厦门大学朱崇实校长（右一）与陈嘉庚科学奖获得者、中国科技大学侯建国校长（右二）亲切会谈

▾2011年4月7日，厦门大学报告会场座无虚席

报告会走进南开大学

2011年11月1日，2010年度陈嘉庚数理科学奖获得者、中国科学院院士、力学家白以龙研究员，首届陈嘉庚物质科学奖获得者、中国科学院院士、第三世界科学院院士、晶体材料科学家、中国科学院理化技术研究所陈创天研究员走进南开省身楼，分别做了题为“灾变破坏和力学”的报告和“KBBF族晶体的发现和应用”的科普报告。

白以龙院士在报告中讲到：由于我们生活在一个主要由固体介质支撑的环境中，所以地震、滑坡、建筑物的垮塌及运输工具失事等，都属于固体的破坏问题。当它们接近破坏时，起初并不明显的非均匀性和随机性可能会起关键性作用，使得其破坏行为显示诸多复杂性。由于其中的一些基本机理仍未阐明，预测破坏尚缺乏有效的途径，因此固体破坏问题已成为固体力学、材料科学、物理学、非线性科学及诸多相关学科的共同难题。

陈创天院士简要介绍了应用分子工程设计学方法发现合成能获得深紫外激光光源的KBBF族晶体的过程，并重点介绍了基于该晶体研制的真空紫外激光角分辨光电子能谱仪对推动相关学科发展产生的重要影响。

基金会秘书长、中国科学院院士工作局周德进局长在报告会前介绍了陈嘉庚先生生平，讲述了“嘉庚精神”，并简要介绍了陈嘉庚基金会有关情况。南开大学党委副书记张式琪教授出席报告会并致辞，中国科学院院士、天津大学周恒教授，天津市科委副主任陈养发，天津市科委总工兼天津市院士科技活动中心主任贾堤等嘉宾出席报告会。报告会由南开大学科技处处长田建国教授主持。来自南开大学和天津大学的300余名师生参加了报告会。

本次报告会由陈嘉庚科学奖基金会主办、南开大学承办、天津市院士科技活动中心协办。《科学时报》记者全程跟踪报道了此次活动。

▲ 1988年度陈嘉庚物质科学奖获得者陈创天院士作科普报告

▸ 2010年度陈嘉庚数理科学奖获得者白以龙院士作科普报告

◂ 白以龙院士与南开大学学生讨论问题

▾ 陈创天院士与南开大学学生讨论问题

携手“清华论坛”

“清华论坛”是清华大学的品牌学术活动，具有高起点、系列化、前沿性、综合性等特点。论坛主题科技与人文并重，涉及的学科领域广泛。

2012年4月26日，应清华大学学术委员会邀请，陈嘉庚科学奖报告会携手“清华论坛”，在清华大学主楼报告厅联合举行报告会。

2008年度陈嘉庚地球科学奖获得者、中国科学院院士、第三世界科学院院士、中国科学院地球环境研究所安芷生研究员以“中国大气气溶胶：过去、现在和未来”为题，结合目前社会高度关注的PM2.5问题，介绍了大气气溶胶（即悬浮在大气中的固体和液体粒子）的成因及我国过去大气气溶胶的历史变化和现状。

▾清华大学副校长邱勇教授、清华大学学术委员会主任钱易院士和刘盛纲院士亲切交谈

1999年度陈嘉庚信息科学奖获得者、中国科学院院士、第三世界科学院院士、美国MIT电磁科学院院士、电子科技大学原校长刘盛纲教授做了题为“太赫兹科学技术的新发展”的报告。

◂ 1999年度陈嘉庚信息科学奖获得者刘盛纲院士作报告

▸ 钱易院士为1999年度陈嘉庚信息科学奖获得者刘盛纲院士颁发“清华论坛”证书

▾ 钱易院士为2008年度陈嘉庚地球科学奖获得者安芷生院士颁发“清华论坛”证书

报告会由清华大学学术委员会主任、中国工程院院士钱易教授主持，钱易教授代表清华大学向两位主讲人赠送了《清华论坛》讲座纪念牌。 陈嘉庚科学奖基金会副秘书长、中国科学院院士工作局副局长刘峰松到会并致辞。清华大学副校长邱勇教授与刘盛纲院士、安芷生院士、刘峰松副秘书长、基金会办公室人员等就基金会的发展状况进行了交谈。

▲ 听众提问

▼ 与会嘉宾

左起：张家元、刘峰松、钱易、安芷生、刘盛纲、邱勇、王小曼

报告会首次走进西部地区

为进一步扩大陈嘉庚科学奖报告会举办地的范围，2012年7月9日，陈嘉庚科学奖获奖科学家首次走进西部，到新疆大学和石河子大学作报告，并与新疆的部分科研院所及企业共同探讨科研、生产过程中的科技问题，商讨未来合作。新疆维吾尔自治区党委书记张春贤及自治区和建设兵团相关领导会见了参加此次报告会的侯建国院士、谢华安院士和王小云教授。

2008年度陈嘉庚化学科学奖获得者、中国科技大学侯建国院士，2006年度陈嘉庚信息技术科学奖获得者、清华大学王小云教授分别为新疆大学的300多名教师及研究生做了题为“创新和创新人才培养”、“密码与网络安全”的报告。报告会由新疆大学副校长努尔夏提·朱马西主持。新疆昌吉市李新娥副市长率团专程前往新疆大学聆听了报告会。

侯建国院士的报告从科学与技术的创新谈起，通过数据和事例，与新疆大学的教师探讨创新对我国经济增长方式转变和社会可持续发展的重要作用。同时，结合我国社会经济发展对创新人才的需求及中国科学技术大学创新人才培养的具体实践，分析我国创新人才培养面临的问题与挑战，探讨新时期创新人才培养的思路和举措。

报告会后，2008年度陈嘉庚化学科学奖获得者侯建国院士同与会的教师探讨问题

王小云教授从格密码出发浅谈密码数学问题，回顾了密码数学理论所涉及的主要领域及基本内容，介绍了不同数学分支的基础数学问题在密码体制安全性保障及安全性分析中所起的作用，并为新疆大学的研究生介绍了密码数学理论的学科交叉特点及密码理论特有的理论体系与研究方法。

同时，1999年度陈嘉庚农业科学奖获得者谢华安院士为来自新疆建设兵团石河子大学、农垦科学院、八师科技局的200多名学生和科技人员作了题为“超级稻再生高产实践与展望”的报告，着重介绍了世界水稻生产概况、发展历程、再生稻研究概况、超级稻再生高产实践及再生稻超高产的关键技术；介绍了自己培育成的恢复系“明恢63”和杂交水稻“汕优63”的选育思路、方法及如何克服育种过程中困难。报告会由石河子大学副校长代斌主持。

▾中国科学院新疆理化技术研究所工作人员向2006年度陈嘉庚信息技术科学奖获得者王小云（前排左二）、2008年度陈嘉庚化学科学奖获得者侯建国（前排左三）介绍所科研情况

报告会后，侯建国院士、王小云教授一行访问了中国科学院新疆理化技术研究所，李晓所长介绍了研究所相关情况。侯建国院士对研究所以需求为导向、利用区域资源、围绕自身的优势特色来规划研究所发展的做法表示非常赞赏，并提出双方今后应在相关领域加强合作。王小云教授就多语种信息技术学科在进行物联网、云计算研究时的网络安全性提出了建议。谢华安院士一行考察了位于石河子市区的新疆天业（集团）有限公司的膜下滴灌水稻示范基地，谢华安院士为企业负责人等讲述了自己在水稻方面的选育思路和方法，以及如何克服育种过程中的困难。

本次报告会得到了新疆维吾尔自治区科学技术协会和新疆生产建设兵团科学技术协会的大力支持。

▲1999年度陈嘉庚农业科学奖获得者谢华安院士（左二）考察石河子水稻示范基地

◀与获奖科学家探讨问题的新疆大学教师

获奖科学家赴嘉庚故里——集美

集美是陈嘉庚先生的故乡，应厦门市委统战部邀请，2012年9月28日，陈嘉庚科学奖获奖科学家继2011年4月厦门大学报告会后，再次走进厦门，来到嘉庚故里——集美。

2006年度陈嘉庚生命科学奖获得者、中国科学院院士饶子和教授； 2010年度陈嘉庚化学科学奖获得者、中国科学院院士杨学明研究员，以及2012年度首届陈嘉庚青年科学奖获得者彭承志研究员、汪毓明教授一行走进集美大学开展学术报告与交流活动。

▾ 2009年9月28日报告会现场

▲2012年9月28日，获奖人杨学明院士、彭承志研究员与集美大学青年教师交流

▲部分与会嘉宾

左起：纪润博、王小曼、陈呈、汪毓明、林汉义、彭承志、张家元、贺春旎

报告会上，饶子和教授以“病毒与药物”为题，从对蛋白质分子的研究入手，介绍了病毒的成因与机理，并以SARS、手足口病为例，分析了如何通过对蛋白质结构的研究为治疗病毒药物的研制提供理论依据和基础；同时，饶子和教授还介绍了我国在蛋白质分子结构研究领域的现状及他的实验室目前所开展实验研究的最新进展。汪毓明教授则从美国科幻大片《2012》的灾难场景谈起，介绍了太阳活动对地球空间和人类社会产生的各种影响、太阳异常对地球系统的平衡带来的冲击，同时介绍了地球周围时刻在发生的各种各样的空间灾害，以及太阳看似平静的背后蕴藏的危机。

在与集美大学科研教学骨干的学术交流会上，杨学明院士、彭承志教授同与会人员分享了自己的科研经历和感悟，他们多年从事科学研究的切身感受使大家深受启发。与会教师就实验设备研制、科研与教学的关系、科学基金的申请、科研方向的凝炼、学生科研能力的培养及科研中所遇到的实际问题与两位获奖者进行了深入地探讨和交流。

报告会由集美大学党委书记辜芳昭主持，交流会由集美大学副校长黄德棋主持。陈嘉庚科学奖基金会秘书长周德进到会并致辞。出席本次交流活动的还有厦门市委统战部副部长林汉义，集美区政协副主席陈忠信，以及集美学校委员会副主任、陈嘉庚纪念馆馆长陈呈，校党委副书记、纪委书记罗良庚，校长助理郑志谦等。

本次活动由陈嘉庚科学奖基金会、集美学校委员会和陈嘉庚纪念馆共同主办，集美大学承办，来自集美大学的500名师生参加了交流活动。

获奖科学家一行还参观了陈嘉庚纪念馆、鳌园等陈嘉庚先生纪念胜地， 切身感受嘉庚精神，缅怀这位爱国兴学、无私奉献的伟人。厦门市及集美大学有关领导与陈嘉庚科学奖获奖科学家举行了座谈，集美大学党委书记辜芳昭介绍了学校的发展现状与规划，就加强双方交流与合作提出了建议，并陪同院士专家参观了集美大学部分重点实验室。

本次报告会为进一步加强基金会与厦门市的合作，共同宣扬陈嘉庚精神奠定了基础。《福建日报》和《厦门日报》对此次交流活动作了专题报道。

▼交流活动在集美大学举行，周德进（左一）、饶子和（左二）、辜芳昭（左三）、杨学明（左四）亲切交谈

中国科学技术大学举办陈嘉庚科学奖报告会

应中国科学技术大学校长、陈嘉庚科学奖基金会理事侯建国院士邀请，2012年10月15日，2012年度陈嘉庚数理科学奖获得者薛其坤院士、2010年度陈嘉庚化学科学奖获得者杨学明院士、2006年度陈嘉庚信息技术科学奖获得者王小云教授走进中国科学技术大学与在校师生进行了一场高水平的学术报告会。报告会由侯建国校长主持。

薛其坤院士做了题为“非常规高温超导到底非常规在什么地方”的精彩报告。他从超导的基本特点谈起，结合超导研究的重要性，精辟概括了他对超导的探索。他结合自己的实验经历，向同学们详细介绍了高温超导的机理、“超导精神”、BCS理论的关键实验等，并指出非常规超导的“最不常规之处”在于材料在载流子浓度上的不确定性。他鼓励同学们从最基本的问题——材料出发，开展实验，探索高温超导理论的答案。

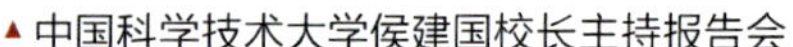

▲ 中国科学技术大学侯建国校长主持报告会

▲ 2012年度陈嘉庚数理科学奖获得者薛其坤院士作报告

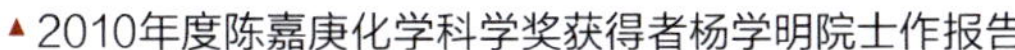
▲2010年度陈嘉庚化学科学奖获得者杨学明院士作报告

▲2006年度陈嘉庚信息技术科学奖获得者王小云教授作报告

杨学明院士的报告题目是“创新科学仪器是科学发展的重要原动力——我的实验物理化学研究之路”，他借2010年获天文摄影大奖的一张图片生动地引出了报告的主题，结合个人求学及做研究的经历，阐明了创新科学仪器发展的重要性，并着重介绍了自己研制和创新科学仪器的实例，与现场的同学分享了研制科学仪器的成功经验：要寻找科学问题、注重仪器的创新性和特色、要对仪器进行精密的设计、要关注研制过程中的细节。最后，他呼吁同学们关注科学仪器领域的发展，号召大家学习陈嘉庚先生为民族科技发展贡献力量的精神。

王小云教授结合自己近年来的主要研究领域，为现场观众奉献了题为“数据完整性与信息认证密码技术——Hash函数”的报告。她从密码的重要性、Hash函数简介、Hash函数的碰撞攻击、基于Hash函数碰撞的密码安全问题这四个方面具体展开，详尽介绍了Hash函数的研究现状。她向同学们介绍了SHA-0和SHA-1的最新破解结果、国际通用杂凑函数的最新分析结果、NIST对SHA-1破解的应对措施、基于随机碰撞的密码安全问题、基于MD5随机碰撞的证书伪造等科学前沿问题。

侯建国代表学校对三位获奖科学家的到来表示欢迎，感谢他们走进中国科学技术大学，以自己的亲身经历为同学们打开一扇通往科学前沿的窗口。他指出，陈嘉庚科学奖在我国科技界和海内外拥有崇高的声誉和广泛的影响，对促进我国科技进步和创新发展起到了很好的激励作用。

师生们自发前往报告会场，认真听讲，积极思考，踊跃提问，气氛热烈而有序。报告会由微尺度国家重点实验室、中国科学技术大学校办和陈嘉庚科学奖基金会联合主办，得到了中国科学技术大学各部门的大力支持。

▲陈嘉庚科学奖获奖科学家与陈嘉庚基金会工作人员合影
左起：王小曼、王小云、杨学明、薛其坤、侯建国

▲听众提问

▲2012年10月15日，中国科学技术大学报告会现场

附　录

陈嘉庚奖简介[1]

[1] 参考《陈嘉庚奖获奖科技成果文集（1988-1991）》、《陈嘉庚奖获得者的主要科学技术成就与贡献（1993-1997）》

为弘扬陈嘉庚精神、缅怀和纪念陈嘉庚先生，最早由陈嘉庚先生的侄子、新加坡中华总商会前会长陈共存先生出资设立陈嘉庚奖。经过中央领导同志批准同意，陈嘉庚奖基金会于1988年1月成立。其宗旨是发扬陈嘉庚先生为民族、为社会兴办教育的精神，促进中国科学技术和教育事业的发展，奖励成就突出的优秀人才，激发他们积极向上、勇攀科学高峰，为振兴中华贡献力量。 基金会主要以陈共存先生筹措的资金作为基金来源,并接受海内外团体和个人的捐赠，用于颁发陈嘉庚奖奖金，支付开展评奖、颁奖活动及有关的行政办公费用。

1988年1月22日陈嘉庚基金会第一届理事会第一次会议在北京举行。左起第三人为基金会理事、中国科学院前院长卢嘉锡教授。时任基金会会长、中国科学院院长周光召（左四）主持会议

自1988年设立以来，在中央领导同志的亲切关怀和全国科技界的大力支持下，陈嘉庚奖共组织了8次评奖和颁奖工作，先后有63位优秀的我国科学家获得此项殊荣。 江泽民、李瑞环、李岚清等党和国家领导人，以及杨振宁、丁肇中等诺贝尔奖获得者曾分别出席颁奖活动。1998年，第七届陈嘉庚奖颁奖仪式在新加坡举行，时任新加坡总统王鼎昌亲自出席颁奖典礼并向获奖人颁奖。陈嘉庚奖已在我国科技界和海内外赢得了崇高的声誉并产生了广泛的影响，对促进我国科学技术的创新发展起到了很好的激励作用。截至2013年，陈嘉庚奖获得者中已有吴文俊、王选、黄昆、刘东生、吴孟超、叶笃正、李振声、郑哲敏等8位科学家先后荣获国家最高科学技术奖。

▼ 1998年，在陈嘉庚基金会成立十周年之际，应新加坡陈嘉庚基金的邀请，周光召院长带队赴新加坡访问。图为时任新加坡总统王鼎昌（左六）为1997年度获奖者颁奖，并与周光召院长和获奖者合影

第一阶段（1988~1992年）

为推进陈嘉庚奖的规范化管理，基金会制定了《陈嘉庚基金会章程》和《陈嘉庚奖评奖条例》。其中，《陈嘉庚奖评奖条例》着重强调了两条评奖标准：①奖励在一门学科的理论和实验中有重大发现，对于促进科学进步有重要战略意义的研究成果；②奖励在技术上的发明、创造，包括新的材料、新的实验仪器和生产方法，有重大经济效益、社会效益和科学价值的研究成果。陈嘉庚奖参照重要国际科技奖励的评奖方法，主要奖励在物质科学（数学、物理、天文、化学）、生命科学、农业科学、医药科学、地球科学、技术科学等六个领域内有突出研究成果的我国科学技术人才。陈嘉庚奖每年评三个奖, 两年轮换一次。每个领域每次只评一项奖，每项奖金总额三万元人民币，同时颁发荣誉证书，但同一项奖获奖人数最多不超过三人。凡请奖项目，必须由两名学部委员或五名同行教授、研究员（或相当于教授级的专家）、重要学术团体推荐，并由请奖人所在单位学术委员会签署意见。评奖时，根据请奖项目的学科和专业内容，设立评奖委员会。评奖委员会由国内知名学者和专家组成。经评委会评定的获奖项目，提交基金会理事会审议决定。

1988～1992年，在第一届理事会的领导下，成功地进行了四次评奖工作。按每年在其中三个学科评奖一次的规定，共评出了13项具有国际水平的科技成果，对获得这些成果的32位主要科技人员授予了陈嘉庚奖，并先后在北京、厦门、上海举行了四次颁奖大会，受到了各级领导、各界人士的重视，得到了科技、教育界广大专家、学者的支持，在海内外产生了积极影响，取得了良好的效果。

1988~1992年陈嘉庚奖获奖名单

年度	奖项	项目名称	获奖人
1988	物质科学奖	液氮温区超导体的发现及应用前景	赵忠贤
		晶体非线性光学效应的基团理论和新型非线性光学材料探索	陈创天、吴柏昌、江爱栋
	农业科学奖	远缘杂交小麦新品种“小偃6号”	李振声、陈漱阳、薛文江
	技术科学奖	激光12号实验装置——高功率激光技术的新成就	邓锡铭、范滇元、余文炎

续表

年度	奖项	项目名称	获奖人
1989	生命科学奖	蛋白质功能集团的改变与其生物活力的关系	邹承鲁
	医药科学奖	根治绒癌	宋鸿钊、吴葆桢、王元萼
	地球科学奖	青藏高原隆起对自然环境和人类活动的综合研究	孙鸿烈、刘东生
1990	物质科学奖	数论在近似分析中的应用	华罗庚、王元
	农业科学奖	马传染性贫血病免疫的研究——马传染性贫血病驴白细胞弱毒疫苗的研制与应用	沈荣显、徐振东
	技术科学奖	中文电子出版系统的硬件和软件	王选、陈堃銶、郑民
1991	生命科学奖	酵母丙氨酸转移核糖核酸的人工全合成	王德宝、汪恩壁、汪猷
	医药科学奖	鼻咽癌早期诊断、前瞻性现场和病因的研究	曾毅、王培中、邓洪
	地球科学奖	波动方程法地震偏移成像的理论与应用	马在田、曹景忠、纪少游

第二阶段（1992～2001年）

1992年，陈嘉庚基金会作出决定从1993年度开始，陈嘉庚奖由原来评奖科技成果改为评奖科学家个人；由原来每年轮换评三个奖改为每两年评七个奖，即数理科学奖(包括数学、物理学、力学、天文学)、化学科学奖、生命科学奖、农业科学奖、医药科学奖、地球科学奖和技术科学奖。1994年增加信息科学奖，同时将评奖标准改为：①在科学理论或实验中有重大发现，对促进科学发展有重大意义者；②在技术上有重大发明、创造，对推动技术进步有杰出贡献者。每两年评奖一次，每个奖奖金十万元人民币，同时颁发陈嘉庚奖奖章，但同一个奖获奖人数最多不超过三人。陈嘉庚奖候选人，必须由两名同领域院士或五名同领域教授、研究员（或相当于教授级的专家）联名推荐。评奖工作改为按学科专业分别委托中国科学院各学部负责；经各学部评审提出的获奖人，提交基金会理事会审议通过后，在中国科学院院士大会上举行颁奖仪式；基金会秘书处设在中国科学院学部联合办公室。在此期间，陈嘉庚基金会成功组织了四次评奖，共有31位科学家获奖。

1992～1999年陈嘉庚奖获奖名单

年度	奖项	获奖人
1993	数理科学奖	吴文俊
	化学科学奖	唐敖庆
	农业科学奖	朱兆良、石元春
	医药科学奖	吴孟超
	地球科学奖	黄汲清
	技术科学奖	郑哲敏
1995	数理科学奖	黄昆
	化学科学奖	梁树权
	生命科学奖	汤佩松
	农业科学奖	张福绥
	医药科学奖	姜泗长
	地球科学奖	叶笃正
	信息科学奖	杨嘉墀
	技术科学奖	李国豪
1997	数理科学奖	杨乐
	化学科学奖	黄维垣
	生命科学奖	沈善炯
	农业科学奖	娄成后
	医药科学奖	陆道培
	地球科学奖	王之卓
	信息科学奖	李志坚
	技术科学奖	钱令希
1999	数理科学奖	冯端
	化学科学奖	张存浩
	生命科学奖	张香桐
	农业科学奖	谢华安
	医药科学奖	王正国
	地球科学奖	陈述彭
	信息科学奖	刘盛纲
	技术科学奖	赵国藩

陈嘉庚基金会第一届理事会名单

（1988～1992年）

姓名	单位	职务	专业	职称	理事会任职
杨振宁	美国纽约州立大学石溪分校		理论物理、粒子物理	教授	名誉理事
卢嘉锡	中国科学院	特邀顾问	物理化学、结构化学	院士	理事
师昌绪	国家自然科学基金委员会	中国科学院技术科学部主任、国家基金委副主任	金属学、材料科学	院士	理事
朱永赌	清华大学	核能技术设计院学术委员会主任	核化学化工	教授	理事
华中一	复旦大学	校长	真空物理与表面物理	教授	理事
刘源张	中国科学院系统科学研究所		系统科学	研究员	理事
孙鸿烈	中国科学院	副院长、综考会主任	土壤地理、土地资源	院士	副会长
吴阶平	中国医学科学院	名誉院长	泌尿外科	院士	理事
吴相钰	北京大学	生物系副主任	植物生理	教授	副会长、司库
张进修	中山大学	副校长、材料科学研究所副所长	金属物理	教授	理事
陈火旺	国防科技大学	研究生院副院长	计算机软件	教授	理事
陈共存	新加坡	陈嘉庚家族代表			理事
陈武博	香港大顺航运公司	董事、经理、香港集美校友会成员			理事
周光召	中国科学院	院长	理论物理、粒子物理	院士	会长
周绍民	厦门大学	物理化学所所长	物理化学	教授	副会长
胡亚东	中国科学院化学所	所长	高分子化学	研究员	理事
钱临照	中国科技大学		凝聚态物理	院士	理事
程裕祺	中国地质科学院	地学部副主任	变质地质学、铁矿矿床学	院士	理事
蔡光明	厦门星集有限公司	总经理			理事
薛攀皋	中国科学院生物局	学术秘书	生物学	高级工程师	理事

附：陈嘉庚基金会第一届理事会秘书处名单

李杏谱	中国科学院国际合作局	副局级学术秘书	高级工程师	秘书长
李亚舒	中国科学院国际合作局	处长	教授	副秘书长
赵文利	中国科学院国际合作局		副教授	秘书
赵金保	中国科学院国际学术交流中心			会计

陈嘉庚基金会第二届理事会名单

（1992~1999年）

姓名	单位	职务	专业	职称	理事会任职
周光召	中国科学院、中国科学技术协会	院长、主席	理论物理、粒子物理	院士	会长
孙鸿烈	中国科学院	自然资源综合考察委员会主任	土壤地理、土地资源	院士	常务副会长
吴相钰	北京大学		植物生理	教授	副会长
周绍民	厦门大学	物理化学研究所所长	物理化学	教授	副会长
杨振宁	美国纽约州立大学石溪分校		理论物理、粒子物理	院士	名誉理事
庄炎林	中华全国归国华侨联合会	主席			顾问
张楚琨	全国侨联	全国侨联顾问、华侨历史学会会长			顾问
卢嘉锡	中国科学院	特邀顾问	物理化学、结构化学	院士	理事
母国光	南开大学	校长	应用光学	院士	理事
师昌绪	国家自然科学基金委员会、中国工程院	国家基金委顾问、副院长	金属学、材料科学	院士	理事
朱永赌	清华大学	核能技术研究院学术委员会主任	核化学化工	院士	理事
苏纪兰	国家海洋局第二海洋研究所	中国科学院地学部副主任	物理海洋学	院士	理事
严东生	中国科学院	特邀顾问	材料科学	院士	理事
吴阶平	中国医学科学院	名誉院长	泌尿外科	院士	理事
张玉台	中国科学技术协会	副主席	电子计算机	高级工程师	理事

续表

姓名	单位	职务	专业	职称	理事会任职
张存浩	国家自然科学基金委员会	国家基金委主任、中国科学院化学部主任	反应动力学、燃烧学、化学激光	院士	理事
张进修	中山大学	副校长、材料科学研究所副所长	金属物理	教授	理事
陈共存	新加坡	陈嘉庚家族代表			理事
陈武博	香港大顺航运公司	董事、经理、香港集美校友会成员			理事
赵寿元	复旦大学	遗传工程系主任、遗传研究所所长	遗传学	教授	理事
洪孟民	中国科学院上海植物生理研究所	中国科学院生物学部副主任	分子遗传学	院士	理事
姜伯驹	北京大学		拓扑学	院士	理事
钱文藻	中国科学院	副秘书长兼学部联合办公室主任	化学	教授	理事
徐冠仁	中国农业科学院		遗传育种	院士	理事
郭传杰	中国科学院		化学	教授	理事
涂光炽	中国科学院	中国科学院地学部主任	矿床学、地球化学	院士	理事
章综	中国科学院物理研究所		晶体学、磁学	院士	理事
程裕淇	中国地质科学院		变质地质学、铁矿矿床学	院士	理事
蔡光明	厦门星集有限公司	董事长、总经理			理事

附：陈嘉庚基金会第二届理事会秘书处名单

钱文藻（兼）	中国科学院副秘书长兼学部联合办公室主任	教授	秘书长
何仁甫	中国科学院学部联合办公室副主任	高级工程师	副秘书长
朱明安	中国科学院学部联合办公室处长	工程师	
马　燕	中国科学院国际学术交流中心	处长	
袁牧红	中国科学院学部联合办公室	秘书	
钱莹洁	中国科学院学部联合办公室	秘书	

陈嘉庚科学奖基金会大事记

2003年2月22日

民政部批准陈嘉庚科学奖基金会正式注册成立。

2003年6月17日

第一届理事会第一次会议在北京召开。会议由全国人大常委会副委员长、中国科学院院长、基金会理事长路甬祥主持。会议通过了第一届理事会组成名单，并原则通过了《陈嘉庚科学奖基金会章程》。

会议审议通过了《陈嘉庚科学奖基金会理事会组成及换届办法》和基金会办公室主任、副主任人选，并对陈嘉庚科学奖奖章及基金会标识的设计方案提出了修改意见。

2003年7月

启动2004年度陈嘉庚科学奖的推荐工作。

2003年12月30日

第一届评奖委员会第一次主任联席会议在北京召开，会议由基金会理事长路甬祥主持，专门讨论评奖标准问题。

2004年1月

陈嘉庚数理科学奖、化学科学奖、地球科学奖和技术科学奖评奖委员会分别召开了评审会议。会议提出了修改《陈嘉庚科学奖奖励条例实施细则》、补充推荐陈嘉庚科学奖候选项目、加强有关的宣传工作等具体意见和建议。

2004年2月27日

基金会办公室向推荐专家发出《关于补充推荐2004年度陈嘉庚科学奖候选项目的通知》。

2004年5月30日

第一届评奖委员会第二次主任联席会议在北京召开，会议由李静海副理事长主持。会议通报了2004年度陈嘉庚科学奖补充推荐情况，并讨论了后续评审工作。

2004年5～6月

各评奖委员会召开有效候选奖项评审会议。会议投票产生出陈嘉庚数理科学奖和陈嘉庚技术科学奖有效候选奖项各1项，同时提出书面评审国内外同行专家名单。

2004年12月15日

第一届评奖委员会第三次主任联席会议在北京召开，会议由李静海副理事长主持。会议通报了同行专家评审情况，重点讨论了如何把握陈嘉庚科学奖定位、掌握评审标准问题。

2005年5月16日

第一届理事会第二次会议在北京召开。会议由全国人大常委会副委员长、中国科学院院长、基金会理事长路甬祥主持。会议听取了沈保根秘书长关于基金会换发登记证书情况的介绍、关于《陈嘉庚科学奖基金会章程》（修改稿）、《陈嘉庚科学奖奖励条例》（修改稿）和《陈嘉庚科学奖奖励条例实施细则》（修改稿）修改情况说明、关于《2004年度陈嘉庚科学奖评奖工作报告》的说明，并讨论了2006年度陈嘉庚科学奖的有关工作。

2005年6月15日

启动2006年度陈嘉庚科学奖推荐工作。

2005年9月6日

第一届评奖委员会第四次主任联席会议在北京召开，会议由李静海副理事长主持。会议听取了2006年度陈嘉庚科学奖推荐情况的介绍，并介绍了《陈嘉庚科学奖奖励条例实施细则》，对奖励标准进行了认真讨论，对做好本年度评审工作提出了具体意见。

2005年9月7～22日

各评奖委员会召开有效候选奖项评审会议。会议传达了主任会议精神，审议并投票产生有效候选奖项，同时提出书面评审国内外同行专家名单。

2006年1月25日

评奖委员会工作会议在北京召开，沈保根秘书长主持会议。会议通报了有效候选奖项评审情况；通报了国内外同行专家评审情况；讨论了初步候选奖项的评审工作。

2006年2月7～17日

各评奖委员会召开正式候选奖项评审会议。会议传达了工作会议精神，审议投票产生正式候选奖项，并提交书面评审意见送各学部常委会审议。

2006年2～4月

中国科学院各学部常委会召开会议，审议了陈嘉庚科学奖正式候选奖项，审议结果提交理事会。

2006年4月12日

第一届理事会第三次会议在北京召开。全国人大常委会副委员长、中国科学院院长、基金会理事长路甬祥主持会议。会议听取并审议了沈保根秘书长关于2006年度陈嘉庚科学奖评奖工作情况的报告，选举产生了2006年度陈嘉庚科学奖获奖项目；审议并通过了《2006年度陈嘉庚科学奖颁奖活动方案》，确定了奖章的规格和奖励证书的设计方案；听取沈保根秘书长做的《陈嘉庚科学奖奖励条例实施细则》的修改说明，并对《陈嘉庚科学奖奖励条例实施细则》的修改条款进行了热烈讨论；会议还审议了基金会资金管理和财务收支报告。

2006年6月6日

陈嘉庚科学奖颁奖仪式在中国科学院第十三次院士大会和中国工程院第八次院士大会全体院士会议上举行。国务委员陈至立，全国人大常委会副委员长、中国科学院院长路甬祥和全国政协副主席、中国工程院院长徐匡迪出席颁奖仪式，并为获奖科学家颁发奖章和证书。

2007年3月1日

启动2008年度陈嘉庚科学奖推荐工作。

2007年5月

中国科学院各学部常委会推荐第二届陈嘉庚科学奖各评奖委员会人选名单。

2007年8月15日

第一届理事会第四次会议在北京召开。会议由全国人大常委会副委员长、中国科学院院长、基金会理事长路甬祥主持。会议审议通过了《2006年度陈嘉庚科学奖基金会工作报告》、《第二届陈嘉庚科学奖评奖委员会的有关情况报告》、《2008年度陈嘉庚科学奖候选奖推荐情况》和《陈嘉庚科学奖基金会基金运作和财务情况的报告》。

2007年8月29日

第二届评奖委员会第一次主任联席会议在北京召开。会议由沈保根秘书长主持。会议传达了陈嘉庚科学奖基金会第一届理事会第四次会议的精神，通报了2008年度陈嘉庚科学奖推荐情况。

2007年9月7～24日

各评奖委员会召开有效候选奖项评审会议。会议传达了主任会议精神，审议并投票产生有效候选奖项，提出书面评审国内外同行专家名单。

2007年10月

基金会办公室向国内外专家发送评审邀请信和评审材料，进行通信评审。

2008年1月23日

第二届评奖委员会第二次主任联席会议在北京召开，审议并产生初步候选奖项。沈保根秘书长主持会议。

2008年2月1～26日

各评奖委员会分别召开正式候选奖项评审会议，审议并投票产生正式候选奖项，审议结果提交各学部常委会。

2008年2～4月

中国科学院各学部常委会召开会议，审议正式候选奖项，投票产生建议获奖项目，并将审议结果提交理事会。

2008年5月7日

第一届理事会第五次会议在北京召开。全国人大常委会副委员长、中国科学院院长、基金会理事长路甬祥主持会议。会议听取并审议了沈保根秘书长关于2008年度陈嘉庚科学奖评奖工作情况的报告，投票产生2008年度陈嘉庚科学奖获奖项目；审议并通过了《2008年度陈嘉庚科学奖颁奖仪式方案》；审议了基金会资金管理和财务收支报告；会议还讨论了基金会理事会换届相关事宜。

2008年5月7日

中国银行向陈嘉庚科学奖基金会追加1000万元捐赠仪式在北京举行。中国银行副行长、基金会副理事长李早航主持捐赠仪式。基金会秘书长沈保根介绍了基金会的有关情况，2006年度陈嘉庚科学奖获得者、南开大学校长饶子和代表获奖科学家发言，中国银行董事长肖钢致辞，路甬祥院长发表讲话，李静海副院长代表基金会接受了中国银行捐赠的1000万元支票并向李礼辉行长赠送了捐赠证书。中国科学院常务副院长白春礼、国家自然科学基金委员会主任陈宜瑜、中国工程院副院长潘云鹤等出席了捐赠仪式。

2008年6月25日

2008年度陈嘉庚科学奖颁奖仪式在中国科学院第十四次院士大会和中国工程院第九次院士大会全体院士会议上举行。中共中央政治局委员、国务委员刘延东出席颁奖仪式，并与全国人大常委会副委员长、中国科学院院长路甬祥和中国工程院院长徐匡迪一起为获奖科学家颁发奖章和证书。

2008年9月

陈嘉庚科学奖基金会第二届理事会通信选举。

2008年8～10月

中国科学院各学部常委会推荐第三届陈嘉庚科学奖各评奖委员会人选名单。

2008年11月6日

第二届理事会第一次会议在北京召开。中国科学院副院长、基金会副理事长李静海主持会议。会议审议确认了基金会第二届理事会组成人员名单；审议通过了第三届陈嘉庚科学奖各评奖委员会组成人员名单；审议修订了基金会规章制度；并讨论了基金会发展相关事宜。

2008年12月25日

国家奖励办组织对陈嘉庚科学奖基金会进行现场评估。

2009年1月

启动2010年度陈嘉庚科学奖推荐及评审工作。

2009年4月18日

陈嘉庚科学奖首场报告会在中国科学院国家科学图书馆举行。报告人是2008年度陈嘉庚地球科学奖获得者安芷生院士和2006年度陈嘉庚生命科学奖获得者饶子和院士。

2009年6月1日

第三届评奖委员会主任联席会议在北京召开，王恩哥秘书长主持会议。会议审议了2010年度陈嘉庚科学奖推荐项目的形式审查情况，并将审议结果上报理事会。

2009年6月

第二届理事会第二次（通信）会议审议了《2010年度陈嘉庚科学奖推荐项目形式审查情况》。

2009年6～7月

各评奖委员会召开有效候选奖项评审会议。会议传达了主任联席会议精神，审议并投票产生有效候选奖项，提出国内外同行通信评审专家名单。

2009年8月3日

国家科学技术奖励工作办公室发布公告（第52号），陈嘉庚科学奖被评为优秀社会力量设奖。

2009年9月

基金会办公室向国内外专家发送评审邀请信和评审材料，进行通信评审。

2009年11月11日

陈嘉庚科学奖第二场报告会在中国银行总行举行。报告人是1988年度陈嘉庚物质科学奖获得者赵忠贤院士。

2009年12月22～25日

各评奖委员会召开正式候选奖项评审会议，投票产生正式候选奖项。

2010年1～4 月

中国科学院各学部常委会召开会议，审议并投票产生建议获奖项目。

2010年4月16日

陈嘉庚科学奖第三场报告会在北京大学举行。 报告人是2006年度陈嘉庚数理科学奖获得者范海福院士。

2010年4月21日

第二届理事会第三次会议在北京召开，全国人大常委会副委员长、中国科学院院长、基金会理事长路甬祥主持会议。会议听取并审议了刘峰松副秘书长关于2010年度陈嘉庚科学奖评奖工作情况的报告，投票产生2010年度陈嘉庚科学奖获奖项目；审议并通过了《2010年度陈嘉庚科学奖颁奖仪式方案》；审议了陈嘉庚科学奖基金会资金管理和财务收支报告；审议并投票增补基金会理事并选举基金会新任秘书长，并同时讨论修订《陈嘉庚科学奖基金会理事会组成及换届办法》；讨论基金会有关工作。

2010年5月

基金会门户网站建成并投入使用。

2010年6月9日

2010年度陈嘉庚科学奖颁奖仪式在中国科学院第十五次院士大会和中国工程院第十次院士大会全体院士会议上举行。中共中央政治局委员、国务委员刘延东出席颁奖仪式，并与全国人大常委会副委员长、中国科学院院长路甬祥和中国工程院院长徐匡迪一起为获奖科学家颁奖。

2010年10～11月

中国科学院各学部常委会推荐第四届陈嘉庚科学奖各评奖委员会人员名单。

2010年10月13日

基金会接受民政部民间组织管理局民间组织服务中心组织的评估，获得2A级(AA)。

2010年11月26日

第二届理事会第四次会议在北京召开，全国人大常委会副委员长、中国科学院院长、基金会理事长路甬祥主持会议。审议并原则通过《陈嘉庚青年科学奖奖励条例》和《陈嘉庚青年科学奖推荐书》；审议第四届陈嘉庚科学奖评奖委员会组成情况；审议基金会资金管理和财务收支报告。

2010年12月7日

陈嘉庚科学奖第四场报告会在南方科技大学举行。报告人是2008年度陈嘉庚数理科学奖获得者彭实戈院士和2010年度陈嘉庚化学科学奖获得者杨学明院士。

2011年1月

启动2012年度陈嘉庚科学奖和陈嘉庚青年科学奖的推荐工作。基金会推荐、评审与管理系统同时投入使用。

2011年4月7日

在陈嘉庚先生创建的厦门大学90周年校庆之际，基金会与厦门大学共同举办了陈嘉庚科学奖第五场报告会。报告人分别是2008年度陈嘉庚化学科学奖获得者侯建国院士、2006年陈嘉庚生命科学奖获得者饶子和院士、2006年度陈嘉庚地球科学奖获得者涂传诒院士和2006年度陈嘉庚信息技术科学奖获得者王小云教授。

2011年4月28日

第四届评奖委员会主任联席会议在北京召开，周德进秘书长主持会议。会议讨论了2010年度陈嘉庚科学奖推荐项目的形式审查情况，并将讨论结果上报理事会审议。

2011年5月11日

第二届理事会第五次会议在北京召开，中国科学院院长、基金会理事长白春礼主持会议。会议审议了基金会第二届理事会成员变更情况和2012年度陈嘉庚科学奖与陈嘉庚青年科学奖推荐与形式审查情况；修订了《陈嘉庚科学奖奖励条例》、《陈嘉庚青年科学奖奖励条例》与《陈嘉庚科学奖奖励条例实施细则》。

2011年6 月13～24日

各评奖委员会分别召开了有效候选奖项评审会议，会议传达了主任联席会议精神，审议并投票产生陈嘉庚科学奖有效候选奖项和陈嘉庚青年科学奖有效候选人，并提出国内外同行通信评审专家名单。

2011年7～9月

基金会办公室通过评审系统向国内外专家发送评审邀请信，进行网上通信评审。

2011年9月22日

民政部发布第229号公告，陈嘉庚科学奖基金会在民政部2010年度检查中结论为“合格”。

2011年10～11月

各评奖委员会分别召开评审会议，投票产生了5个陈嘉庚科学奖正式候选奖项和7位陈嘉庚青年科学奖候选人。

2011年11月1日

陈嘉庚科学奖第六场报告会在南开大学省身楼举行。报告人是首届陈嘉庚物质科学奖获得者陈创天院士和2010年度陈嘉庚数理科学奖获得者白以龙院士。

2011年12月1日

第二届理事会第六次会议在中国银行总部召开。中国科学院院长、基金会理事长白春礼主持会议。审议并投票产生4个陈嘉庚科学奖正式获奖项目和6位陈嘉庚青年科学奖获奖人；会议还审议了基金会2011年度经费支出情况。

2012年1月17日

在中央电视台、中国科学院和中国工程院共同举办的“科学之夜”活动上，中国科学院副秘书长、中国科学院学部主席团执行委员会秘书长、基金会理事曹效业揭晓了2012年度陈嘉庚科学奖获奖项目和首届陈嘉庚青年科学奖获奖人名单。

2012年4月5日

第二届理事会第七次会议在北京召开，中国科学院院长、基金会理事长白春礼主持会议。会议审议了2012年度陈嘉庚科学奖及陈嘉庚青年科学奖颁奖仪式及宣传工作方案、第二届理事会及第四届评奖委员会换届工作方案；修订了《陈嘉庚科学奖奖励条例实施细则》；审议了获奖人纪录片制作计划、 2011年度基金会财务收支情况及2012年资金运作计划。

2012年4月26日

陈嘉庚科学奖第七场报告会在清华大学举行。报告人为2008年度陈嘉庚地球科学奖获得者安芷生院士和1999年度陈嘉庚信息科学奖获得者刘盛纲院士。

2012年6月13日

2012年度陈嘉庚科学奖及陈嘉庚青年科学奖颁奖仪式在中国科学院第十六次院士大会和中国工程院第十一次院士大会全体院士会议上举行。中共中央政治局委员、国务委员刘延东，中国科学院院长白春礼和中国工程院院长周济一起为获奖科学家颁奖。

2012年7月9～11日

陈嘉庚科学奖第八场和第九场报告会分别在新疆大学和新疆生产建设兵团石河子大学举行。报告人分别是2006年度陈嘉庚信息技术科学奖获得者王小云教授、2008年度陈嘉庚化学科学奖获得者侯建国院士和1999年度陈嘉庚农业科学奖获得者谢华安院士。

2012年9月3日

基金会取得非营利组织免税资格（京财税〔2012〕2094号）。

2012年9月28日

陈嘉庚科学奖第十场报告会及经验交流会在集美大学举行。2006年度陈嘉庚生命科学奖获得者饶子和院士、2012年度陈嘉庚青年科学奖（地球科学）获得者汪毓明教授分别作报告，集美大学辜芳昭书记主持报告会。2010年度陈嘉庚化学科学奖获得者杨学明院士、2012年度陈嘉庚青年科学奖（数理科学）获得者彭承志教授与集美大学青年教师进行了交流。

2012年10月15日

陈嘉庚科学奖第十一场报告会在中国科学技术大学举行。报告人是2012年度陈嘉庚数理科学奖获得者薛其坤院士、2010年度陈嘉庚化学科学奖获得者杨学明院士和2006年度陈嘉庚信息技术科学奖获得者王小云教授。

2012年12月4日

第三届理事会第一次会议在北京召开，中国科学院院长、基金会理事长白春礼主持会议。会议审议并通过了第三届理事会组成人员名单、第五届各评奖委员会组成人员名单和工作机构调整情况；审议了基金会资产管理和财务状况。

2013年3月8日

基金会通过财政部、国家税务总局和民政部的联合审核，获得公益性捐赠税前扣除资格（财税〔2013〕10号）。

2013年4月19日

新加坡陈嘉庚基金主席、新加坡中国友好协会会长潘国驹教授一行到访陈嘉庚科学奖基金会，并与基金会理事、秘书长周德进举行会谈。双方表示希望加强合作，增进两国科技界的交流与合作。

2013年5月14日

第三届理事会第二次会议在北京召开，中国科学院院长、基金会理事长白春礼主持会议。会议审议并通报第三届理事会成员调整情况；审议了2014年度陈嘉庚科学奖及青年奖的推荐与形式审查情况；审议获奖科学家纪录片和基金会宣传片制作计划；审议基金会财务相关情况及提升陈嘉庚科学奖声誉和影响力的调研报告及相关建议。

陈嘉庚简介[1]

[1] 由陈嘉庚纪念馆提供

陈嘉庚是伟大的爱国主义者、杰出的华侨领袖、实业家、教育家和社会活动家。

1874年10月21日陈嘉庚出生在福建省同安县仁德里集美社一个华侨商人家庭，父亲陈杞柏早年出洋，在新加坡经营多家米店。陈嘉庚在家乡接受私塾教育，1890年奉父命南渡新加坡佐理商务。1900年，父亲的实业达到顶峰拥有资产约35万元。同年，陈嘉庚回乡葬母并守孝3年，当他重返新加坡时，父亲的企业因多种原因已连年亏损，负债近30万元。面对残局，陈嘉庚毅然承诺代父还债。

1904年，陈嘉庚以7000元资本开始独立自营，他因陋就简从投资小收益大的项目入手，先在市郊建简易厂房，买旧机器创办菠萝罐头厂，进而购地开辟种植园等。19世纪末20世纪初，东南亚华侨商业资本逐渐向工业资本过渡。陈嘉庚抓住商机，相继投资农产品和食品加工业。至1907年还清父债，在华侨社会赢得很高的信誉。

陈嘉庚看好橡胶在工业、交通、军事上的广泛用途，先在菠萝园套种橡胶，成功后不断扩大种植规模。第一次世界大战刺激了军用工业的发展，橡胶制品需求量猛增。陈嘉庚果断将菠萝罐头厂改为橡胶制品厂，实现了橡胶经营从单一的农业垦殖到兼有工业、制造业的飞跃。他还致力于建立世界性的销售网络，成为第一个集橡胶种植、制造和贸易为一体的企业家，开创了英国统治新加坡百年来华侨不通过洋行直接与外商贸易的先例。

陈嘉庚公司以经营橡胶业为主，兼营食品、肥皂、制药、火锯、航运等多种行业。至1925年，陈嘉庚公司拥有橡胶园15000英亩，工厂30余家，国内外分行100多所，在五大洲的40个国家和地区设有49处直接代理商，公司员工3万余人，总资产叻币

1200万元，是当时新加坡最大的企业之一。

经营实业、积累财富是陈嘉庚报效祖国、服务社会的物质前提和经济基础。他认为：国家之富强，全在于国民，国民之发展，全在于教育。教育为立国之本，兴学乃国民天职。1894年陈嘉庚出资2000银元在家乡创办“惕斋学塾”；1913年创办集美小学，以后又陆续创办了集美中学、集美女子小学、集美师范学校、集美水产航海学校、集美商业学校、集美农林学校、集美国学专门学校、集美女子初级中学、集美幼稚师范学校、集美幼稚园等10所学校，并设图书馆、美术馆、科学馆及医院等；至1927年，集美学校形成了从幼稚园、小学、中学到专科，普通教育与专业教育并重，男女学生兼备的完整教育体系，同时还另设教育推广部，拨款资助福建各地中小学校70余所，并提供办学方面的指导。

为改变福建高等教育落后的现状，1921年陈嘉庚发起创办厦门大学，他率先认捐400万元，其中开办费100万元，分3年付清；常年费300万元，分12年付清。陈嘉庚特选“五九”国耻日为厦门大学校舍奠基，告诫厦大学子勿忘国耻、发愤为国。陈嘉庚为建校呕心沥血，亲自选择校址、校长，主持建筑校舍等。厦门大学创建不久，便设有文、理、法、商、教育，5院17个系，是全国科系最多的5所大学之一，在海内外颇有影响。

1929年世界经济危机爆发，陈嘉庚的企业陷于困境，他多方筹措校费，艰难维持办学。一外国财团提出以停止支持厦门大学和集美学校为条件来保护陈嘉庚企业经营时，遭到他的断然拒绝。在实业和学校之间，陈嘉庚毅然决定“企业可以收盘，学校绝不能停办”。1934年2月，陈嘉庚宣布将企业收盘。1937年7月，考虑到厦门大学和集美学校虽可维持下去，但无进展的希望，为避免耽误青年学子，陈嘉庚将厦门大学无条件献给政府，改为国立大学，集中力量发展集美学校。此后，陈嘉庚在独力维持集美各校的同时，依然关注、支持厦门大学的发展；1950年回国定居后，更是持续募资、筹划、督建，扩充集美学校和厦门大学的规模。1956年还倡办了我国唯一的华侨博物院。

陈嘉庚一生兴学历史长达67年，在厦门、集美和闽南地区及新加坡等地创办、资助、代办的各类学校多达118所。他兴办教育所用的资财按照黄金价格折算，相当于1亿多美元，几乎等于他的全部家财。他办学时间之长、规模之大、毅力之坚，为中国乃至世界所罕见。

陈嘉庚身居海外，接受了资产阶级革命思潮的影响，他结识孙中山，并于1910年加入中国同盟会；他积极资助、支持孙中山的革命活动。辛亥革命后，陈嘉庚担任新加坡福建“保安会”会长，筹款支援福建革命军政府，促进福建局势的稳定。1928年济南惨案发生后，陈嘉庚担任新加坡“山东惨祸筹赈会”主席，在华侨中掀起了一场声势浩大的抗日筹款赈济难民和抵制日货的活动。1937年7月，中国抗日战争全面爆发，海外华侨的民族意识和爱国热情空前高涨，南洋华侨成立了2000多个抗日团体，人们日益感到如此大规模的群众运动必须有统一的组织，必须有强有力的领导，纷纷呼吁请陈嘉庚出任南洋华侨抗日最高机构的领导；国民政府行政院长孔祥熙也致电陈嘉庚，请他领导南洋华侨，筹款支持祖国抗战。1938年10月10日，南洋华侨筹赈祖国难民总会（简称南侨总会）在新加坡成立，公推陈嘉庚为主席。

陈嘉庚领导的南侨总会，第一次把南洋1000余万华侨，近3000个抗日团体统一起来，成为中国抗日民族统一战线的重要组成部分和世界反法西斯战争的积极力量。在陈嘉庚的领导下，南侨总会发起了一场声势浩大、持续多年的抗日筹赈运动。广大侨胞各尽所能、各竭所有，展开了轰轰烈烈的义卖、义演、义捐活动，募集巨额款项，汇回祖国。据统计：1937～1941年，南侨抗日义捐达5亿国币，认购救国公债2亿5千万元，捐献飞机217架、坦克27辆、救护车1000多辆。以1939年为例，海外华侨的捐助，就占这一年国民政府军费总开支的2/3。在中华民族伟大的反侵略战争中，华侨筹赈成了抗日救国的重要财源，极大地增强了抗击日本帝国主义的物质力量。

在中国沿海口岸相继沦陷，大批国际援华物资无法运入抗日前线时，南侨总会招募了3200多位华侨司机和修理工回国服务。南侨机工在极其恶劣的环境中抢运战略物资，有力地配合中国的战略反攻，为抗日战争的胜利建树了卓著的功勋。

1940年3月陈嘉庚率领“南洋华侨回国慰劳视察团”回国视察各战区，慰劳抗日军民。在重庆和延安等地，陈嘉庚广泛接触各界人士，经过认真的考察对比，陈嘉庚得出结论——中国的希望在延安。

1942年2月，新加坡沦陷前夕，陈嘉庚坚持领导华侨抗敌总会的工作，在最后的关头，经多方催促，陈嘉庚剃须改装避难印尼。在印尼期间陈嘉庚追忆往事，沉静反思，撰写《南侨回忆录》。

1945年8月15日日本投降，陈嘉庚安全返回新加坡，海内外各界集会庆祝。11月18日，500多位社会名流在重庆举行了陈嘉庚安全庆祝大会。中国共产党主席毛泽东送来条幅：“华侨旗帜　民族光辉”，毛泽东的贺词成了对陈嘉庚的历史性评价。

1949年5月，陈嘉庚应毛泽东的邀请，回国参加中国人民政治协商会议筹备会。当年9月，他以华侨首席代表的身份出席中国人民政治协商会议；10月1

日，在天安门城楼参加了中华人民共和国开国大典。此后，陈嘉庚历任中央人民政府委员、中国人民政治协商会议全国委员会常务委员、中央华侨事务委员会委员、华东行政委员会副主席、中华全国归国华侨联合会主席、全国人民代表大会常务委员会委员、中国人民政治协商会议全国委员会副主席等职务，为新中国的建设事业问政献策，做出了卓越贡献。1961年8月12日，陈嘉庚病逝于北京，享年88岁。陈嘉庚治丧委员会主任周恩来主持了共和国成立以来最隆重的公祭；周恩来、朱德等国家领导人亲自为陈嘉庚灵柩执绋。陈嘉庚的灵柩运回家乡，安葬于集美鳌园。

1990年3月11日，国际小行星中心将中国科学院紫金山天文台发现的第2963号小行星命名为“陈嘉庚星”。 陈嘉庚为实现强国富民的理想，倾其所有，毕其一生以赴之。他的作为，影响、感召了一代又一代中华儿女；他的典范超越政治分野、跨越国界，为人类文明增添了一份宝贵的财富。

陈嘉庚生平大事记

陈嘉庚（又名甲庚）
1874~1961年

1874年		10月21日（农历9月12日）生于福建省同安县仁德里集美社“颍川世泽堂”。父陈杞柏（字如松）于19世纪70年代到新加坡，开设顺安米店，兼营地产。
1882年	9岁	就读集美南轩私塾。
1890年	17岁	奉父函召，首次南渡新加坡。
1891年	18岁	在顺安米店学商，助族叔管理银钱货账，兼任书记。
1893年	20岁	奉母命回乡完婚，娶板桥乡秀才张健壬之女张宝果为妻。
1894年	21岁	出资2000元建集美“惕斋学塾”，其捐资兴学由此肇始。
1895年	22岁	再次南渡新加坡，仍在顺安号做事。
1898年	25岁	回国奔母丧。
1899年	26岁	三赴新加坡，携妻张氏同行。
1900年	27岁	回国葬母。
1903年	30岁	四赴新加坡。接掌濒临破产的陈家实业。
1904年	31岁	创办新加坡新利川黄梨罐头厂，开始独立经营。
1906年	33岁	在福山菠萝园套种橡胶成功，此为其经营橡胶之始。
1907年	34岁	经营得法，创业有成，替父还清债务，其诚信品格赢得华

侨社会高度赞誉。

1910年　37岁　加入中国同盟会。被推为新加坡中华总商会协理及道南学堂总理，向闽侨募捐价值5万余元的校舍建筑，是参加政治活动并致力于海外华侨教育事业之始。

1911年　38岁　辛亥革命胜利，福建光复，被推为福建保安捐款委员会会长，筹款20余万元支援福建财政，另筹5万元资助孙中山革命事业。

1912年　39岁　回国筹办集美学校。

1913年　40岁　集美学校正式开学，继续购地扩建校舍和操场。第五次到新加坡。

1915年　42岁　第一次世界大战爆发不久，瞄准商机，经营航运，获巨利。

1916年　43岁　事业顺利，派胞弟敬贤回国创办集美师范和集美中学。创设树胶工厂。筹款20余万元救济天津水灾。

1918年　45岁　集美师范和集美中学开学。发起筹办新加坡南洋华侨中学。

1919年　46岁　组建陈嘉庚公司，任董事长兼总经理。新加坡南洋华侨中学正式开学。回国筹办厦门大学。

1920年　47岁　组织同安县教育会，常年补助各乡小学，30余校受益。扩展集美学校水产科和商科。

1921年　48岁　厦门大学假集美即温楼开学。

1922年　49岁　第六次到新加坡。

1923年　50岁　任新加坡怡和轩俱乐部总理，致力改革，使怡和轩成为团结侨领、领导侨众、开展经济文化和慈善活动的中心。在新加坡创办《南洋商报》。

1925年　52岁　陈嘉庚公司鼎盛时期，资产达1200万元。

1926年　53岁　扩建南洋华侨中学校舍。创办集美农林学校。因胶价暴跌，企业面临困境，厦大和集美两校建筑工程被迫局部停工，但仍竭力维持。

1927年　54岁　增设集美幼稚师范学校。

1928年　55岁　5月3日，日军侵占济南。组织新加坡山东惨祸筹赈会，募款救济受难同胞。

1934年　61岁　受世界经济危机重创和垄断、金融资本钳制及两校经费之重负，陈嘉庚公司陷入危境，为坚持办学，不惜企业收盘。

1937年	64岁	“七七”事变。发动组织新加坡筹赈会，任主席。筹款支援祖国抗日。
1938年	65岁	当选“南洋华侨筹赈祖国难民总会”主席，领导南洋1000万华侨以财力、物力、人力支援祖国抗战。
1940年	67岁	率“南洋华侨回国慰劳视察团”，回国慰问抗战军民。
1941年	68岁	任南侨总会第二届主席。组织南洋闽侨总会。创办南洋华侨师范学校。12月，太平洋战争爆发，奉命组织新加坡华侨抗敌总会。
1942年	69岁	新加坡沦陷。避居印尼爪哇3年，写成《南侨回忆录》。
1945年	72岁	日本投降。重返新加坡。11月18日，重庆各界召开“陈嘉庚安全庆祝大会”，毛泽东题词“华侨旗帜　民族光辉”。
1946年	73岁	创办新加坡《南侨日报》。
1947年	74岁	为集美各校开拓经费来源，在香港创办集友银行，开“以行养校”之先河。
1949年	76岁	抗战胜利后首度回国。6月在北京参加政协筹备委员会。9

20世纪50代初，陈嘉庚（前排左二）视察厦门大学建南楼群建设工地。

		月出席全国政协第一届全体会议，当选常务委员。10月1日，参加中华人民共和国开国大典，当选中央人民政府委员、华东军政委员会副主席、中华人民共和国华侨事务委员会委员。
1950年	77岁	至新加坡结束事务，回国定居。主持集美、厦大两校的修建。
1954年	81岁	出席第一届全国人民代表大会第一次会议，当选全国人大常委。当选第二届全国政协副主席。
1955年	82岁	视察东北、华北、西北、西南等地。
1956年	83岁	当选中华全国归国华侨联合会主席。倡建华侨博物院。
1958年	85岁	罹患鳞状上皮癌，经专家精心治疗，病情稳定。
1959年	86岁	当选第二届全国人大常委和第三届全国政协副主席。华侨博物院落成开放。
1961年	88岁	病情恶化，8月12日0时15分逝世于北京，归葬于厦门集美鳌园。

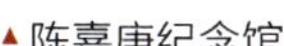

▲陈嘉庚纪念馆

◀陈嘉庚先生故居

▶南薰楼位于延平西侧，1959年落成为当时福建省最高大楼，系陈嘉庚亲自主持兴建，被誉为集美学村标志性建筑之一。

▼厦门华侨博物院陈列楼，系陈嘉庚亲自规划设计。1959年落成，位于厦门市蜂巢山西侧，设计独特，视野开阔。正面6层，高23米，建筑面积4000平方米。

后记

POSTSCRIPT

《科技创新推动民族复兴——纪念陈嘉庚科学奖基金会十周年（2003-2013）》一书是根据陈嘉庚科学奖基金会第三届理事会第一次会议的决定而编写的，目的是为了记录基金会成立10年来的发展历程，不断总结工作经验，进一步办好陈嘉庚科学奖和陈嘉庚青年科学奖，弘扬嘉庚精神，实现基金会的宗旨，也为若干年后的新同事了解基金会前期的工作积累历史素材。

基金会办公室季冬梅、纪润博、王小曼和张家元四位同志在本书的编写过程中做了大量认真细致的工作。编写本书的想法最早由基金会原副秘书长刘峰松同志提出，基金会原秘书长周德进同志对本书初稿进行了审核并提出了修改意见。基金会现任秘书长李婷同志、副秘书长王敬泽同志和章砚同志对本书的编辑出版给予了悉心指导和大力支持。本书出版前还听取了基金会前秘书长沈保根同志和王恩哥同志的意见和建议。

在本书编辑出版过程中，各位获奖科学家审核了本书中各自获奖成果的相关内容。此外，袁牧红、吴晓东、彭晴晴等为本书的编写提供了重要历史信息和素材；陈嘉庚纪念馆提供了与陈嘉庚先生相关的文字和图片素材；本书在成稿过程中得到了科学出版社石卉编辑等的帮助，在此一并致谢。

基金会成立10年来，王忠明、陈红娟、黄文艳、向岚、崔婷、赵春荷、王澍、薛淮、孙立新、杨波、王博、刘琢琬等曾为基金会做了很多具体工作，基金会10年来的发展也有他们的贡献，在此也一并致谢。

愿陈嘉庚科学奖基金会的明天更加美好！愿我国早日成为科技强国！